グルメ以前の食事作法の常識

小倉朋子

講談社

グルメ以前の食事作法の常識＊目次

第1章　ついやりがちな食事マナーのタブー㊙常識

食事中の不快音はマナー違反の代表選手　18
箸先は手の甲より上に向けるべからず　20
食べる姿勢をよくするには？　22
料理を口に運ぶとき左手で受けるのは上品？　24
百年の恋も冷める食べ残しの皿　26
「取り箸」が添えられた大皿に「じか箸」は禁物　28
食事中の会話やにおいにもタブーあり　30
疲れていてもひじはつかない　32

第2章　迷う作法の初歩的Q&A（基）常識

Q椅子に座るときは左側から？　それとも右側から？　決まりはあるの？　34
Q窓からの景色が見える手前の席と窓に背を向けた奥の席、どっちが上席？　35
Q食べ終わった食器は重ねたほうが店の人は嬉しい？　それとも迷惑？　36
Qテーブルセッティングで置いてあるナプキンはいつ膝の上に広げればいいの？　37
Q相手がオーダーした料理も一口食べたい。上手に交換する方法ってあるの？　38
Qカレーライスの別添えルウは一度に全部かけたら下品なの？　39
Q割り箸の箸袋は食事中どこに置く？　箸置き代わりに使ってもよい？　40
Qすし屋のテーブル席でもお好みで注文ができる？　41
Q中国料理を円卓で取り分けたときいつから食べ始めてよい？　42
Q取り箸がない場合の大皿料理。返し箸をして取り分けるべき？　43
Q店で食べきれなかった料理は持ち帰り可能？　44

第3章 食べにくい料理のスマートな食べ方(得)常識

スパゲティ……46
イタリアではパスタは前菜。パスタだけの注文では失礼な店もある／スパゲティはフォークだけで食べる。スプーンを使うのは上品ではない／フォークは寝かせて巻かない。先端を皿につけて巻き取る／おなじみのマカロニグラタンなどスプーンを使って食べるパスタもある

ピザ……48
基本は手で持たずに、ナイフで一口ずつ切りながらフォークで食べる／生地が厚いピザは、生地を折って食べると中の具もこぼれない／取り分けるときのとろけるチーズはフォークでのせながら生地の上へ

パンとバター……50
遠くにあるバター入れは、近い人から取ってもらうのがルール／バタークーラーから取ったバターはいったんパン皿にのせる／コース料理のパンを食べるタイミング。メインディッシュと一緒に終わるのが理想

スープ……52
スープは飲むのではなく、食べる気持ちで口に入れれば、音も出ない／スープは手前から奥へすくう。表面をなぞるようにするとやけどもしない／中華スープと日本の吸い物は同じように椀物だが、飲み方が異なる

サラダ……54
サラダ皿は持ち上げない。定位置のまま動かさないで食べる／切りにくい葉物野菜や、滑りやすい野菜はどう切ればよい？／ドレッシングが別添え

のときは、全部かけずともよい
魚のムニエル 56……一尾のムニエルはいきなり身を食べない。ひれをはがすことから始めよう／中骨や頭はひっくり返し厳禁。ナイフとフォークで持ち上げてはずす／つけ合わせのレモンは果汁が飛ばないように気をつけて絞る
ステーキ 58……せっかくのごちそうだから、好みの焼き加減を伝えたい／肉ばかりをあせって食べない。一口ずつ切り分けながら食べていく／野菜も残さず、肉と交互に食べるのがマナー
骨つき肉料理 60……フィンガーボウルは食べ終えてから使う。最初から肉を手で持っては食べない／骨に沿って肉を切っていく。あせらないことがポイント／骨の下側の肉を食べるときは裏返さない
そば 62……箸だけで食べる日本では、そばの音は立ててよい／ざるそばは香りも最後までおいしく味わう／そばは江戸時代の屋台料理。のびないように粋に食べる
天ぷら 64……屋台料理で発展した天ぷら。冷めないうちに食べるのが作法／天つゆ、塩はお好みで。つけすぎないのがコツ／注文の決まりはない。軽いものから重いものへ
にぎりずし 66……食べるのは、手でも箸でもどちらでもよい／しょうゆはご飯よりねたにつける
巻きずし 68……手巻きは手で持って、数回に分けて素早く食べる

ちらしずし 69……ちらしずしとばらちらしはどう食べる？
焼きとり 70……カジュアルな店では串のまま食べる。串を横に向ければ、のどを突き刺さない
串カツ 71……串からはずさずそのまま食べるから、ソースの二度づけはマナー違反
串焼き 72……串からはずすには箸を使う。串を回しながらなら簡単！／塩からたれ味へと食べていく。野菜も合間に入れていく／豆腐の田楽や串こんにゃくは、熱いので串からはずして食べる
汁椀 74……ふたが開けにくいときは椀のふちをはさんで押す／片手持ち、片手飲みはタブー。椀は両手で扱う／実は椀を持って箸で食べる。椀に口をつけて直接食べない
茶碗蒸し 76……汁物の一種だから、かき混ぜて飲んでよい料理
土瓶蒸し 77……季節の香りはまず、汁から味わって。すだちで味の変化をつけよう
刺身 78……一人盛りは、さっぱり味からこってりへ、手前から奥へ食べ進む／小鉢に入ったイクラは、小鉢ごと持って食べる／刺身についている薬味やつまには役目と意味がある
刺身舟盛り 80……少量ずつ取り分けよう。一度に取るのは2～3種までにとどめる／取り箸は店の人に頼んでOK。じか箸をひっくり返すのは、よいマナーといえない／ふぐ刺しは、ねぎをのせて巻きつける。かつおのたたきは、薬味をのせて食べる

焼き魚 82……まずは上身を食べる。下身はひっくり返さず、骨を取るのが先／あゆの塩焼きは、骨を尾から右方向へ引き抜く
煮魚 84……苦手な小骨、大きな骨の克服どうする？／煮汁はソースの役目もある。薄味なだし汁なら飲んでもかまわない／えらの裏側や眼肉も美味。どの部分まで食べられる？
北京ダック 86……具の量を欲張らないで、包む皮の下側から巻くのがコツ
麻婆豆腐 87……汁物をご飯にかけて食べる。これはマナー違反？ 違反じゃない？
小籠包 88……れんげを使って食べていく。スープもこぼさずおいしく食べるコツ／れんげの上で割って、先にスープだけ飲んでもよい／左手のれんげでスープを飲むのは厳禁。スープは右手で飲むべし
メロン 90……皮と果肉の間に、ナイフで切り目を入れたら半回転させる／フルーツパフェの皮つきメロン、かじらずフォークで切って食べる／生ハムはメロンと相性がよい。どちらも一口に切り分けて一緒に食べよう
ミルフィーユ 92……パイ生地はナイフを使って水平に切る／ナイフはパイに突き刺さず、小きざみに前後に動かす
シュークリーム 94……シュークリームは、シュー皮が柔らかいか、かたいかで食べ方を変える
いちごタルト 95……フォークを縦に入れる。柔らかい先端から食べ始めるのがコツ
ホールケーキ 96……人数分に切るには、どうするの？ 生クリームをつけないように切るには？

第4章 箸や食器の持ち方タブー&ルール㊙常識

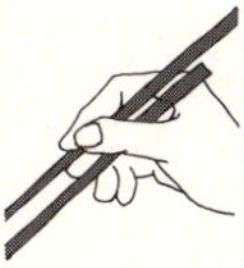

箸は「神器」から進化したもの 98
2本の棒で何でも食べる箸文化は日本独自の作法 98
正しく箸を持つことが、和食マナーを制する 99
箸は両手を使って「三手」で取り上げる 100
器を持って箸を取り上げるときも「三手」 101
タブー1 筆持ち押さえ箸 102
タブー2 薬指支え箸 102
タブー3 にぎり込み箸 103
タブー4 片手取り上げ箸 103
箸づかいのタブーは「嫌い箸」「忌み箸」と呼ばれる 104
タブー1 寄せ箸 105
タブー2 押し込み箸 105
タブー3 刺し箸 106
タブー4 迷い箸 106
タブー5 渡し箸 107
タブー6 立て箸 107
タブー7 にぎり箸 108
タブー8 さぐり箸 108
タブー9 ねぶり箸 109
タブー10 涙箸 109
タブー11 かき箸 110
タブー12 空箸 110

タブー13　受け箸　111　タブー14　たたき箸　111　タブー15　移り箸　112
タブー16　すかし箸　112　タブー17　押しつけ箸　113　タブー18　拾い箸　113
洋食を食べる道具はカトラリーと呼ぶ　114
フォークは左手、ナイフとスプーンは右手で持つ　116
ルール1　音を立てない　117　ルール2　料理を右端から切らない　117
ルール3　ナイフで刺して食べない　118　ルール4　フォークはジグザグ持ちしない　118
ルール5　魚用スプーンは口につけてOK　119　ルール6　カトラリーで料理を集めない　119
ルール7　左手前から食べていく　120　ルール8　ライスはフォークの腹にのせる　120
ルール9　ナイフレストは箸置きと同じ　121　ルール10　八の字は食事続行のサイン　121
ルール11　ナイフの刃は常に内向きに　122　ルール12　スプーンの置き場所は自由　122
ルール13　落としても自分で拾わない　123　ルール14　フィンガーボウルは片手ずつ　123
グラスの扱い方に慣れれば宴席で一目置かれる　124
ルール1　グラスの位置は常に右　125　ルール2　乾杯では音を立てない　125
ルール3　ワイングラスは脚を持つ　126　ルール4　シャンパンは食中酒としてもOK　126
ルール5　ワインは客同士で注がない　127　ルール6　お酒を断るときはグラスに手をかざす　127
食器の扱い方は世界各国で違う　128

ルール1　和食器は手で持つのが基本　129
ルール2　持ち上げてはいけない和食器もある　129
ルール3　「袖越し」に器を取らない　130
ルール4　両手で器を持つのが丁寧とは限らない　130
ルール5　器は引きずらない　131
ルール6　箸を持ったまま器を取り上げない　131
ルール7　洋食器は持ち上げない　132
ルール8　中国でも韓国でも器は持ち上げない　132
ルール9　中国はスープの器に口をつけて飲まない　133
ルール10　中国料理では取り皿は1品1枚替えで　133
ルール11　湯のみ茶碗のふたは裏返して置く　134
ルール12　ふたつき茶碗の中国茶は受け皿ごと持つ　134
ルール13　ポット中国茶にはお代わりのサインがある　135
ルール14　コーヒーカップのソーサーは手に持たない　135
ルール15　空のお銚子は倒して置かない　136
ルール16　枡酒の受け皿のあふれた酒は枡に移して飲む　136

第5章　和・洋・中のコース料理に強くなる㊙常識

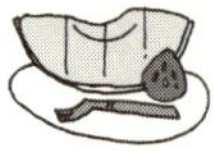

和食のコース料理の代表「会席」とは？　138
会席料理の献立はどんな流れで出るの？　138
会席料理の食べ方の作法の基本は？　140
お品書きとは？　持ち帰っていいの？　142
案外やりがち！　ご飯の食べ方タブー　142
案外やりがち！　お椀のふたの扱いタブー　143
懐石料理、これだけは知っておきたい基本知識　144
会席料理とどこが違うの？　144
懐石の献立と食事作法のポイント　146
向付の器が取り皿になる　148
食器は置いたまま食べない　148
お酒は飲まないの？　148

和服が基本だが、洋服なら長めのスカートで　149
懐紙持参は必須　149
フランス料理の基本的なコースの流れ　150
フランス料理のコース、食べ方の基本作法　152
メニューにはない「アミューズ」って何のこと？　154
最近よく聞く「プリフィクス」スタイルって何？　154
「ソルベ」と「グラニテ」はどう違うの？　155
アラカルトの注文で気をつけることは？　155
イタリア料理の特徴と正式なコースの流れは？　156
イタリア料理のパンの食べ方　158
ボリュームを充分考慮してオーダーする　158
つけ合わせの野菜は別皿で出される　159
中国料理には大別して四大料理がある　160
北京料理とは？　160
上海料理とは？　161
四川料理とは？　161

広東料理とは？ 161
一般的な中国料理のコースの流れ 162
中国料理の取り分けのマナー 164
ターンテーブルは右に回す？ 左に回す？ 165
紹興酒に砂糖は入れない 166
食べ終わった皿をターンテーブルに置かない 166

第6章 とっさのときに役立つ外食マナーの㊣常識

玄関の上がり方 168……後ろ向きに靴を脱ぎながら上がるのはＮＧ
座布団の座り方 169……座布団の上に立ってから座らない。椅子と同じで、すすめられてから座る
和室でのマナー 170……踏んではいけないもの3つ。座布団、敷居、畳のへり／靴のにおい、サンダルの素足は訪問先に失礼／おしぼりは手をふくためのもの。口をふいたり、テーブルをふかないこと
席次のマナー 172……席の位置には上座と下座がある。ゲストや目上、主役を上座に／洋食では女性、目上の人が上座。レストランでは奥側、壁際が上席

ナプキンの使い方　174……汚れは二つ折りにした内側でふく。首からかけないで膝にのせる／中座するときは椅子の上に置く。退席するときはテーブルの上に置く／顔をふかない、テーブルをふかない。和・洋・中共通のルール

懐紙の使い方　176……「懐紙」とは、懐中紙。奉書紙でできた2つ折りの紙のこと／懐紙の用途は多岐にわたる。何役も兼ね備えたスーパーグッズ／懐紙は茶道具店や大きな文房具店で購入できる

バッグの置き方　178……テーブルの上には置かない。預けるときには貴重品は手元に

手みやげの渡し方　179……帰りに渡すおみやげは、袋に入れたままでOK。手みやげは袋から出す

立食パーティーマナー　180……会費制のパーティーなら、ぴったりの現金を用意しておく／パーティーの種類と目的に合わせて行動する／早退するときはわざわざ主催者に挨拶をしなくてもOK／立食パーティーならではの飲み方、食べ方のマナー／料理を取り分ける順番は前菜からメインへ／歩きながら食べない。料理テーブルの側で食べない／食べ終えた皿やグラスを料理テーブルに置かない

服装のマナー　184……料理の種類やお店に合わせたドレスコードに配慮する／パーティーには華やかさを添える服で臨むのが礼儀／食事中は指先に視線がいきやすい。爪の手入れはきちんとしておく

おわりに　186

第1章

ついやりがちな食事マナーのタブー

超常識

食事中の不快音はマナー違反の代表選手

ピチャピチャ音は、口を閉じて噛めば解消。ズルズル音は、すすらずに食べれば解消する

思わず耳栓をしたくなるような音を立てて食べる人がいる。聞きたくなくても避けられないのが音というもので、隣のテーブルから聞こえてきたら席を替えてもらうこともできるが、同席者がそうだったときには、天を仰いで不運だったと覚悟を決めるしかない。

こういうことは当の本人はまったく気づいていない場合が多く、周囲も指摘しにくいものだ。笑われるだけではすまない迷惑だからぜひとも改めたい食事作法の筆頭に挙げておいた。

数ある「音」迷惑の中でも、特に強力な3つの音の解消法を示してみよう。1つ目は、ピチャピチャと舌が鳴る音。あごや歯の噛み合わせが原因で聞こえてしまうこともあるが、ほとんどは口を開けたり閉じたりしながら噛んでいることが原因だ。ちなみに、口を閉じて舌を鳴らそうとしても鳴らすことはできない。口を開けたときに初めてピチャという音は鳴るのだ。だから、食事をするときには「口を閉じたまま噛む」ことを習慣にすればこの問題は解決する。

次の迷惑は、ズズ～ッとすする音だ。これが許されるのは日本そばを食べるときぐらい。海外では特に嫌われる行為だから、心得ておこう。そもそも、「すする」という行為は、空気と混ぜながら少しずつ口に入れることで温度調整をしている。だが、空気を吸えば音が出てしまうのは道理だ。コーヒーでもみそ汁でも、少量を口に含み、少し嚙んで口の中で冷ましてから飲み込めば絶対に音はしない。

また、げっぷはおならより悪いとされる。生理現象だから、は言い訳にならないので、出そうになったらナプキンで口元を隠すこと。

箸先は手の甲より上に向けるべからず

意外と人から見られている箸の上げ下ろし。食べる目的から外れた行為は慎もう

昔ほどやかましく言う人が減ってきたとはいえ、箸づかいのマナーの悪い人を見るとがっかりすることがある。特にその人がグルメ情報にくわしかったりするとなおさらだ。言葉づかいの美しい人が賢く見えるように、箸づかいの美しい人には教養の高さを感じるもの。ぜひ、上品に見える箸づかいの作法を身につけたいものだ。

箸タブーは、「嫌い箸」や「忌《い》み箸」とも呼ばれて数多くあるが、本人が意識せずについやりがちなケースをいくつか挙げてみよう。

「振り上げ箸」は、箸を持ったまま会話に合わせて上下に振ること。「そうそう、それでさぁ」など、会話しながら箸を持った手をヒラヒラさせる癖のある人は要注意だ。同様に、指で人を指《さ》す癖のある人は箸を持ったまま「君はどう思う?」などと、つい「指し箸」をしてしまう。いずれも、日頃の動作の延長線上で気づかず知らずにやってしまっているもの。特に、指し箸は失礼なことで、絶対にやってはいけないことの1つだ。

また、ひじをついて食事をする癖のある人は、箸を持ったまま話したり考え事をすると、つい箸の先を人に向けたり上に向けたりすることになりがちだ。箸先が上向き停止している状態は子どもっぽくも見えるし、ひじをつくと背中も丸まり、だらしない印象を与える。箸先は手の甲よりも上に上げないことを守りたい。

フォークやナイフなどのカトラリーは、刃物でもあるので、さらに慎重な扱いをすること。人を指したり、刃先を上に向けることは厳禁だ。

食べる姿勢をよくするには？

和食では、食器を持ち上げて食べてOK。口と料理との距離が縮まり、「犬食い」を防止

料理に口を近づけて食べるのではなく、料理のほうを口に近づけて食べる。これが、和・洋・中すべての料理を食べるときの基本。

洋食でナイフやフォークの扱いがぎこちなかったり、和食でも箸でつまみにくい料理を食べるときなどは、こぼすのを心配するあまり、ついつい首を突き出して口を先に持っていきがちだ。器をテーブルに置いたまま口を近づけて食べることは「犬食い」と呼ばれる。自然と背中が丸まり姿勢も悪くなる。なぜこれがいけないのかといえば、落ち着いて優雅に食事を楽しんでいるようには見えないからだ。たとえおなかがすいていたとしても、焦ってガツガツ食べているように見られるのは大人のマナーにはふさわしくない。「姿勢をよくして食べなさい！」と子どものときから口うるさく言われてきた背景にはこんな理由があったのだ。

では、どうすれば姿勢よく食べられるか？　①テーブルとおなかの間はこぶし1つ分あける。②和食は基本的に器は手に持って食べ

るのがルールだ。そもそも和食器は手で持つことを前提に作られている。手のひらに収まりやすい大きさと形、器の底についた糸底は料理が熱くても手で持てる工夫だ。焼き物皿、刺身皿以外は、小鉢でも小皿でもどんぶりでも手に取ってから落ち着いて食べよう。刺身のしょうゆや天ぷらの天つゆも器のほうが口に近づいてくれば、こぼす心配も少なくなる。③箸やフォークで料理を口に運ぶときは、ゆっくりと。そのためには、箸できちんとつまむ、フォークでしっかりと刺すこと、これができることが基本になってくる。

料理を口に運ぶとき左手で受けるのは上品?

上品なしぐさだと思ってしていることにも勘違いがある。「手皿」もその1つ

グルメ番組などでレポーターが食べているようすを見ていて、妙に気にかかるしぐさがある。箸で料理を口に運ぶまでの間、左手を下に添えて一緒に口元まで持っていく所作《しょさ》だ。これは「手皿」と呼ばれ、手で皿代わりを務めることをいう。箸から取り落としたときの用心? 服やテーブルクロスを汚さないために? いつ頃からか、お約束のように多くの人がまねしだして現在も増殖中だ。和食や中華に限らず、レストランで右手にフォーク左手は手皿というケースさえ見かけるほどだ。

　絶対にしてはダメ、というものではないが、上品なマナーだと勘違いしてやっている人が多いので注意を促したい。汁がしたたり落ちそうならば皿を受け皿にすればよいし、懐紙《かいし》を手に持ってそれで受けてもよい。そんな道具のない場合の緊急措置としてやむを得ず手を使って受けるのであって、いつもいつも手皿で受けているのは、「私は食べ方に自信がないんです」と言っているようなものだ。

一口で食べられる量だけを取り上げる、汁けのあるものは器の中で汁をきってから口に運ぶ、イクラや豆など転がりやすく滑りやすいものは一粒ずつ口に運ぶ。これらが難なくできるようになるためにも、やはり箸はきちんと持てるようにしたいものだ。

姿勢も含めて、料理は全身で食べるものだが、食器を持たないときでも左手はテーブルの上に置いておこう。左手を膝の上に置いて右手で食べる「片手食い」はだらしない食べ方とされる。左肩が下がって姿勢も悪くなり、消化も悪く健康にも影響が出る。

百年の恋も冷める食べ残しの皿

食べたあとの皿が見苦しくないかチェック！散らかった印象を与えないために隅にまとめる

みなで楽しい食事の時間。食べたあとすぐに皿が下げられずにテーブルに置かれているケースがある。こんなとき、食べ散らかしたあなたの皿に注がれる他人の視線は意外と厳しいものだ。歓談はしていても、チラチラと見られていると思って間違いない。「おやまあ、家ではいったいどんなしつけをしているのやら」とあきれられたり、「この人と生活を共にするのは嫌だな」と百年の恋も冷める。

和食の魚料理は、食べるのが苦手という人も多く、散らかしやすいアイテムの横綱だろう。何もなかったように残さずきれいに食べるのは至難の業《わざ》だ。尾頭《おかしら》つきの焼き魚では頭も骨も残るし、切り身魚の皮が苦手で残す人も多い。残すことが悪いわけではなく、残し方が問題なのだ。魚の皮や骨など、残ったものは皿の右上にまとめておこう。長い骨などは折りたたんでまとめてあると、皿を片づける人にまで配慮できる人としてあなたの株はグンと上がる。

また、和食は食べられないものは皿の上にはのせない、のが決まりだが、「食べてもよいけれど残す人が多い」食材もある。刺身のつま、けん、はじかみ（しょうが）、菊の花など、防腐や消化を助ける役割がちゃんとあるのだが、これらも残すときはまとめておく。

立食パーティーなどで注意したいのは、自分が皿に取った料理は全部食べること。これは大原則だ。また、たらばがにの脚の中央だけを食べたり、マスクメロンの真ん中の甘い果肉だけを食べたりしては品性を疑われる。食材はすべて命あったもの。感謝と供養を込めて「おいしかった、ありがとう」が伝わる姿の皿にしたいものだ。

「取り箸」が添えられた大皿に「じか箸」は禁物

じか箸解禁の場面こそ要注意。自分は平気でも、清潔感を気にする人は多い

刺身の舟盛りや中国料理の円卓での大皿料理、さらには立食パーティーなどのビュッフェスタイルでは、大勢の人と共有の料理を取り分けることになる。取り分け用の箸を「取り箸」、洋食や中華の大きなスプーンを「サーバースプーン」、ピンセット形のはさむ道具を「トング」と呼ぶ。これらを使って自分の皿に料理を取ったら、次の人が使いやすいような状態で元に戻しておくことがマナーだ。右利きの人が多いので、たとえ左利きの人でも、使い終わったら皿の右手前に持ち手を右にして戻しておくこと。

取り箸やトングなどを他の人が使っていて、「料理待ち」の状態だと、めんどうだからとついじか箸で料理を取ってしまう人がいる。いくら気心の知れた仲間内でも、おなかがぺこぺこでも、順番の列が長くても、これだけはタブー。「待つ」ことも作法の1つだ。

知り合いの家に招かれたときやカジュアルな店、さらには鍋を囲む場面などでは、「今日はじか箸でやりましょうよ」というケース

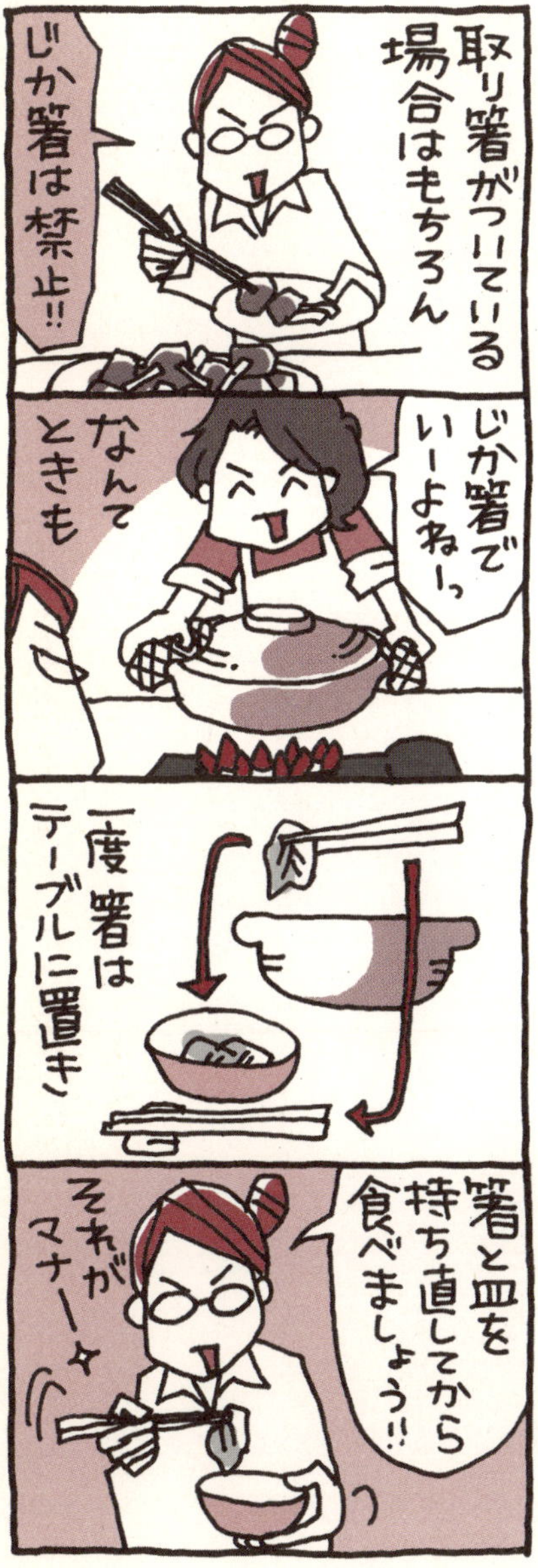

もあるだろう。取り皿へ運ぶのはすべて自分の箸でするが、このときのじか箸は取り箸の役目だ。だから、いったん箸はテーブルに置く。それから箸と取り皿を持ち直してから食べ始めよう。間違っても大皿から取って、そのまま口にパクッと入れないこと。また、料理を取る前に、箸をなめる癖のある人がいる。「ねぶり箸」といって見苦しい箸づかいとされている。じか箸解禁の席では不潔に感じる人もいる。一人で食べているわけではないということを忘れないようにふるまいたい。

食事中の会話やにおいにもタブーあり

会話はマナーの基本。ひとりよがりは禁物。タバコと化粧、においのタブーどっちに軍配？

楽しい会話が伴う食事は、それだけでも充分料理がおいしく感じられる。逆に、話題の選び方次第ではせっかくの料理もまずくなり、嫌な思い出が残ることにもなりかねない。基本的な約束事がいくつかある。政治、宗教の話題は避ける。親しくない間柄では、「結婚している？」「お子様は？」などの家族構成やプライベートな質問も好ましくない。さらに、人の悪口や不平不満のオンパレード、自分や家族の自慢話に終始する人は誰も誘い手がいなくなってしまうだろう。相手の気持ちも考慮した話題選びがマナーの基本だ。

話に夢中になると、ついつい周りが見えなくなって迷惑をかけていることも多い。食べ終わって長居されると店側も迷惑だ。混んでいないときでも、喫茶店で2時間弱、ディナーで3時間弱をマックス滞在時間の目安にしよう。

外食で気をつけたいマナーににおいの問題もある。愛煙家にとっては厳しい環境の昨今だが、灰皿が置いてある料理店だとしても、

周囲への配慮は欠かせない。隣との席が近いすし屋のカウンターではほぼ禁煙と心得たい。すしは生もの、においや煙がすしについたら台無しになるからだ。また、コース料理を楽しむレストランなどでも、せめて最後のコーヒーが出てくるまでは我慢するのが礼儀。もちろん、相手に一言断りを入れるのが常識だ。

対して、化粧のにおいというのも意外に漂うもの。和食の店に行くときには強い香水をつけないのがエチケット。食後の化粧直しも、女性同士だとつい席でしがちな行為。気をつけたい。

疲れていても ひじはつかない

食事中はひじをつかずに手首をつける。人知れずに疲れをとり、ゆったり見せる方法

食事中にテーブルの上にひじをついてはいけない、ということはみな知っている。でも、本当にやっていないか見直してみよう。

注文して料理を待っているときや疲れているときはひじをつくとラクチンだ。また、ストローでジュースやアイスコーヒーを飲むときなど、グラスを置いたままひじをついて飲んでいないだろうか？ ちょうど唇につく具合のいい高さだったりするとついやりがちだ。こんなふうに気を抜いたときが無意識に「ひじつき」をやってしまう瞬間。

では、手はずっと膝の上に置いておくべき？ これはかしこまって、緊張して構えているように見えるので食事をしている相手にも失礼だ。食事を楽しんでしかもゆったり優雅に見せる作法は、ひじをつくのではなく、「ひじから手首の間」のどの部分でもいいのでテーブルの角の部分に軽くのせること。これなら自分もラクだし、かっこよくも見える。

第2章

迷う作法の初歩的Q&A

基常識

Q

椅子に座るときは左側から？それとも右側から？ 決まりはあるの？

レストランで椅子に座るときは、基本的には左側に立ってから座るのが正式。これが何に由来しているかというと、マナーが確立される以前のヨーロッパ貴族社会では、あちこちで決闘が起こるのが日常茶飯事だった。だから、たとえ食事の場といえども、殿方たちは用心のためにいつも剣を左側の腰に差していた。そのため、左側から座らないと腰の剣が椅子にぶつかって邪魔だったのだ。その名残《なごり》がこの習慣になったというわけ。

しかし、マナーは他人に迷惑をかけていないかどうかで判断すればよいもの。席に案内されて、左から座るためにわざわざ椅子の反対側に回る必要はない。入り口からのアプローチの関係や椅子の置き方などで、右側から座るのが自然ならば右側から座っても何の問題もない。店の人が椅子を引いてくれるので自分で勝手に引いて座らないようにしよう。

A

左側から座るのが正式

Q

窓からの景色が見える手前の席と窓に背を向けた奥の席、どっちが上席？

テーブルスタイルの席の場合、手前の席より奥側の席のほうが上席になる。和室や円卓では、「上座」「下座」とも呼ぶが、席次とは、席の優劣の順番のこと。和室の場合は、床の間の前がいちばんいい席で上座、入り口に近い席が下座となる。通路側と壁側だったら、壁側が上席。基本的には人の出入りの少ない落ち着いた席がいい席となる。

しかし、これがいつも絶対とは限らない。きれいな景色や夜景が見える窓があったら、手前の席のほうが「嬉《うれ》しい席」になるケースもあるし、「景色より奥側が好き」という人もいるのだ。思い込みでエスコートせずに、レディファーストで女性に選ばせてあげるのがスマートなふるまいだ。

接待する場合は、招待される側、目上の人が上席に座るのはいうまでもない。

A

奥側が上席が基本

Q 食べ終わった食器は重ねたほうが店の人は嬉しい？　それとも迷惑？

食べ終えた食器は懐石料理を除いて、どんな形のものも重ねないのが基本のマナー。陶磁器の皿では糸底に釉薬《ゆうやく》をかけずに焼く。だから、ざらつきがある。これを重ねてしまうと食器同士がこすれ合って傷がつきやすい。美しく繊細な金彩、蒔絵《まきえ》などがほどこしてある塗り物の皿やお椀などを重ねるのはもってのほかだ。料理屋などでは、ふだんから、食器同士がこすれて傷がつかないように、皿と皿の間に紙や布をはさんで保管するくらい大事に取り扱っている。

中国料理の取り皿もついつい重ねたくなるものの1つだ。でも、皿に残った油が重ねた皿の底についてしまうことになる。親切心から片づけのお手伝いを、と思ってしていることが逆に迷惑にもなる。器の洗浄方法や片づけ方は店それぞれ。食器を下げてもらうときは手を出さず、店の人にまかせよう。

A 重ねない。迷惑になることもある

Q テーブルセッティングで置いてある ナプキンはいつ膝の上に広げればいいの？

ナプキンは料理が運ばれたときに初めて広げるもの、と思っている人がいるが、それは間違い。

席についたら膝の上に広げてよい。もちろん、全員が席についてからで、それまで待つのは礼儀。ナプキンを膝の上に置くということは、こちらは食事をいただく準備ができてますよ、スタンバイOKですよ、という意思表示になる。

そういう意味でいえば、まだ食べたくないのにナプキンを広げるのはおかしな行為になる。しかし、ふつうはみな、料理を食べにきているのだから、遅くとも食前酒やワインリストなどの飲み物メニューが運ばれてくるときには広げておくこと。料理のメニューブックを見る際にも、テーブルの上にナプキンがあると邪魔になって見づらいからだ。いつまでもナプキンが卓上にあると、食べたくないのかと勘違いされてしまう。

A 席についたら

Q 相手がオーダーした料理も一口食べたい。上手に交換する方法ってあるの？

どんなに食べてみたくても、皿を交換したり、料理を移すのは我慢。店に対して非常に失礼な行為であると認識しておこう。料理の交換は他のテーブルからも目立つし、店全体の雰囲気を損ねることにもなる。それに、食べた料理の印象がぼやけてしまうものなのだ。コース料理を出すレストランでは、フレンチでもイタリアンでも、シェアするのはマナー違反だ。

子どもに親やおばあちゃんが、「ほら、これもおいしいよ、食べなさい」と言って、自分の皿から子や孫の皿に移してやる光景を目にすることがある。日本の家庭では日常的にやっている背景があるから、外食のときにも抵抗がないのかもしれない。

あらかじめシェアした盛りつけで出してくれる店もあるが、それはあくまでも店側の好意。客側から申し出るのはよほどのお得意様でない限り、控えておくのがエチケットだ。

A 皿の交換、料理の移し替えはご法度

Q

カレーライスの別添えルウは一度に全部かけたら下品なの？

カレーやハヤシライスを頼むと、シルバーのソース入れにルウが別添えで出てくることがある。「お好みで量を調節しながらかけて召し上がってください」というメッセージだ。全部いっぺんにご飯にかけてももちろんルール違反ではないが、少しずつかけるほうがルウが冷めにくいので、最後まで熱いカレーが食べられる。いわば、おいしく食べる合理的な方法なのだ。

同様に、サラダ用のドレッシングが別添えで出されることもある。この場合もサラダを食べながら、少しずつかけていったほうが最後までおいしく食べられる。いずれの場合にも、器からソースレードル（玉じゃくしを小さくしたようなスプーン）ですくってかけることになるので、クロスにこぼさないように注意しよう。

A

少しずつかけていくほうがスマート

Q 割り箸の箸袋は食事中どこに置く？箸置き代わりに使ってもよい？

割り箸を割るときは、箸を横に持ち、膝の上あたりで上下に広げて静かに割るのが作法。縦に持って割るのは粗野に見えるので避けたい。また、卓上で割ると、食器にぶつけたり粗相をしがちだ。そして、割った箸は決してこすり合わせないこと。

箸置きがあるときは、袋はテーブルの邪魔にならないところに置いておくと、お店の人が片づけてくれる。箸置きがない場合には、箸置き代わりに使ってよい。箸袋の上に箸をそのままのせたのでは袋が汚れて見た目もよくないので、簡単に山形に折るか、輪を作って折り曲げ、結び文を作ると箸置きとして使える。食べ終わったら、箸袋の中に箸先を入れて汚れた部分が見えないようにしておくのも気づかいの1つ。長い箸袋なら先の部分を下に折り返しておけば、使用済みの合図にもなる。

A 邪魔にならないところに置く。箸袋を箸置きにしてもよい

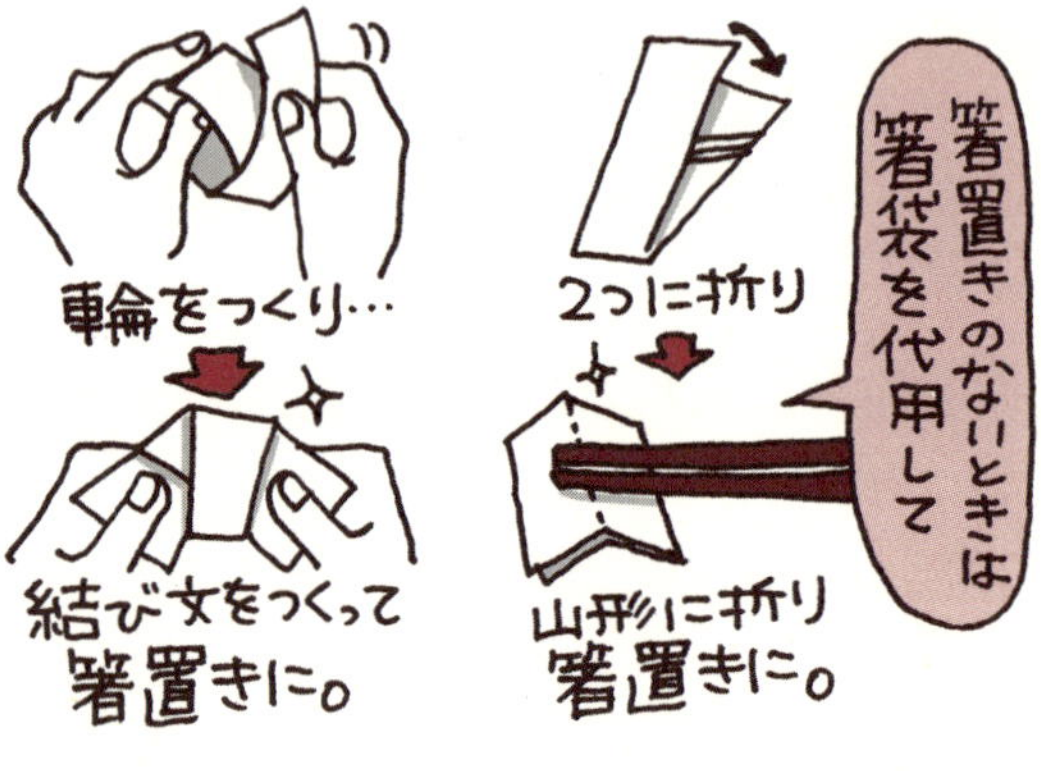
箸置きのないときは
箸袋を代用して
2つに折り
山形に折り
箸置きに。
輪をつくり…
結び文をつくって
箸置きに。

Q すし屋のテーブル席でもお好みで注文ができる？

おすし屋さんのカウンター席と同様の条件で注文できるか、というとなかなか難しいのが現実だ。だが、お好みで注文はできる。店の混み具合にもよるが、ある程度まとめて頼むのがマナーだ。たとえば2人だったら、一度に3〜4種類のねたを2貫ずつ頼むのがルール。それも、板前さんに直接大きな声で注文するのはカウンター席のお客さんに迷惑になる。背中から大声が聞こえてくるのは不快なものだ。お茶やお酒を運んでくるお店の人に頼めばよい。

テーブル席では、1貫ずつの注文や、ご飯の量を変えてもらうなどの個別の注文はできれば避けたい。ただ、子どもへのわさび抜きやアレルギーのあるねたを抜いてもらうなどは遠慮せずに言おう。ケース内のねたを見ながらの随時注文はできないが、おすすめねたを聞くことで満足のいく食事は可能だ。

A 注文できるが、まとめて頼もう

Q 中国料理を円卓で取り分けたときいつから食べ始めてよい？

最近では、あらかじめ銘々分の皿に盛りつけて出す中国料理店も増えたが、大皿から取り分ける伝統的スタイルも今なお健在。

最初に出される料理は、全員が取り分け終わったのを確認してから食べ始めるのが礼儀だ。自分の順番が終わったからといきなり箸をつけるのはマナー違反。2品目からは、自分の分を取り分けた人から食べ始めてよいとされている。ただし、目上の人や自分より上座の人より先に箸をつけるのは、気の利かない人と思われるケースも多いので、ちょっと待つのが無難な選択だと思われる。

本場中国の伝統的な作法では、料理に手をつけるのは主客（主賓）から、というのが基本エチケットとされているので覚えておこう。

A 1品目は全員に料理が行き渡ってから

Q 取り箸がない場合の大皿料理。返し箸をして取り分けるべき？

じか箸は失礼にあたると思い、反対側の使っていないほうの箸先を使う人はよく見かけるもの。他人に対して気をつかう品のいい行為と思いがちだが、取り箸代わりに返し箸をすることはおすすめできない。返し箸をすると、食べている間中、両端とも汚れた箸を使うことになり、一緒に食事をしている相手にも見苦しい。お店の人に「取り箸用にもう1膳お箸をください」と頼もう。また、カジュアルな店、気のおけない相手なら、「じか箸でもいいですか」とたずねてから取り分けたほうがスマートだ。

そもそも、日本のように取り箸とじか箸の区別を明確に持つ国は世界でも珍しく、たとえば中国では取り箸を使わないのが正式。じか箸を避けるようになった理由は、日本は清潔を重んじるという国民性にもあるようだ。

A 返し箸をせず、取り箸をもらうべき

Q 店で食べきれなかった料理は持ち帰り可能？

海外では、余った料理を持ち帰るのはごく日常という国も少なくない。比べて、最近の日本では持ち帰りの習慣はあまりない。昔の本膳料理、結婚やお祝いなどの式典料理には必ず持ち帰り用の折り詰めがついていたものだが……。

だが、「お持ち帰りになりますか」と聞いてくれるサービスの店がないわけではない。ボトルワインはボトルごと客は購入しているわけだから、飲みきれなかった場合は持ち帰れるのが常識。

料理の場合は、食中毒の問題があるので、生ものや薄味のもの、さらには夏場はまずダメと諦めたほうがいい。時間がたつと味も落ちるため、持ち帰りが可能かどうかは店のポリシーによって決まる。料理を無駄にしないという面でもマナー違反にはあたらないので、まずは店にたずねてみること。

A 相談して、可能な場合もある

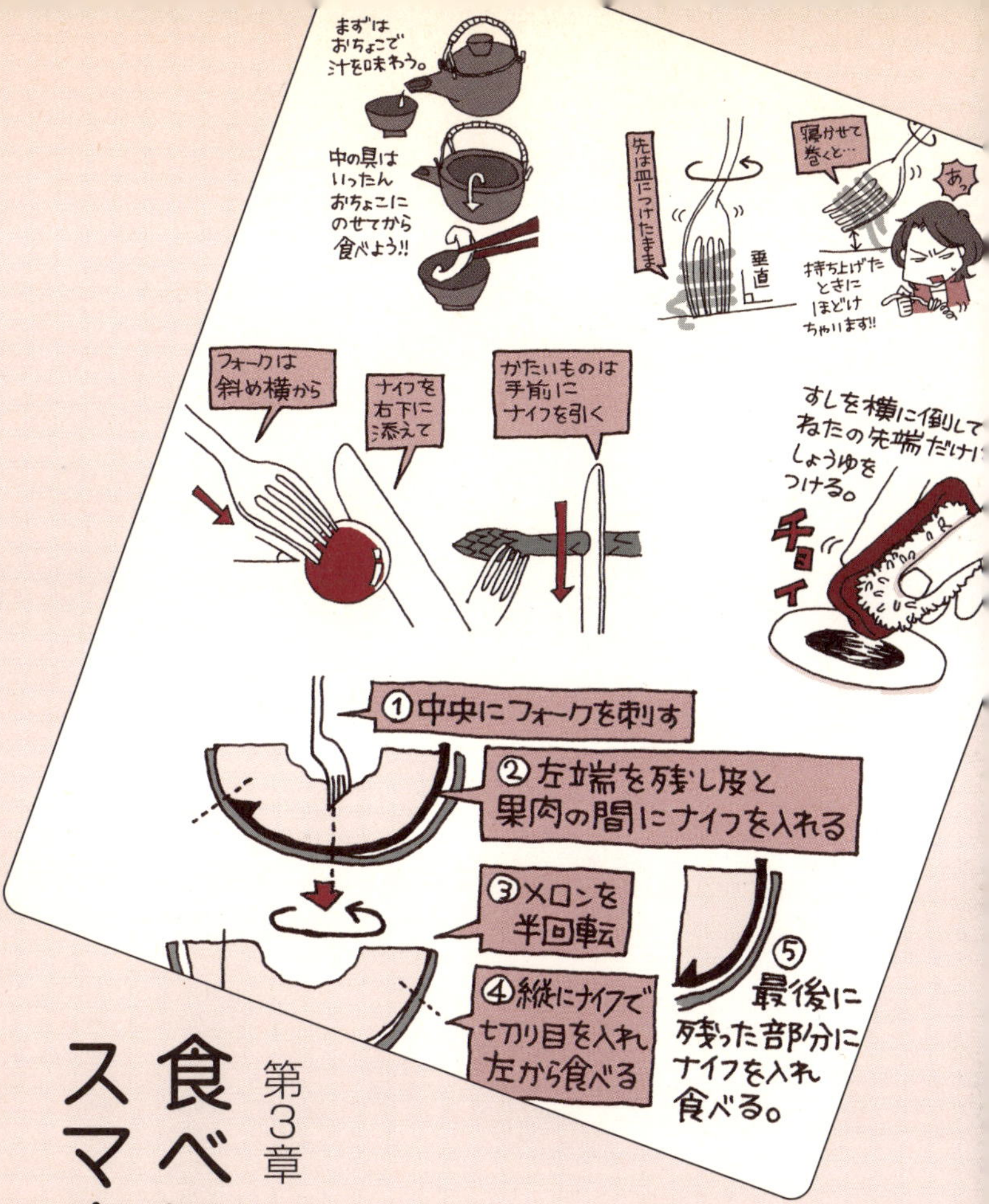

まずはおちょこで汁を味わう。
中の具はいったんおちょこにのせてから食べよう!!
先は皿につけたまま
垂直
寝かせて巻くと…
あっ
持ち上げたときにほどけちゃいます!!
フォークは斜め横から
ナイフを右下に添えて
かたいものは手前にナイフを引く
すしを横に倒してねたの先端だけに
しょうゆをつける。
チョイ
①中央にフォークを刺す
②左端を残し皮と果肉の間にナイフを入れる
③メロンを半回転
④縦にナイフで切り目を入れ左から食べる
⑤最後に残った部分にナイフを入れ食べる。

第3章

食べにくい料理のスマートな食べ方

(得)常識

スパゲティ

イタリアではパスタは前菜。パスタだけの注文では失礼な店もある

イタリアンのコース料理では、パスタは「セコンドピアット」と呼ばれ、1皿目の前菜のあとの第2の前菜の位置づけになっている。そのため、コース料理を主体にしている店で注文するときは、パスタ1品だけでは店に失礼になるので避けよう。パスタ専門店や喫茶店などでスパゲティを頼むときは1品でもかまわない。

スパゲティはフォークだけで食べる。スプーンを使うのは上品ではない

スパゲティはロングパスタの中でも、最も日本人になじみのある定番パスタだ。

日本ではいつの頃からか、スパゲティをフォークとスプーンで食べるのがかっこいいという風潮が起こった。しかし、スプーンを使ってスパゲティを巻きつけるのは、イタリアでは子どもか行儀の悪い大人のやることとみなされる。

フォークは寝かせて巻かない。先端を皿につけて巻き取る

フォークで巻き取るのがうまくできないという人は次のようにやってみよう。まず、フォークを皿に垂直ぎみに立て、先端を皿につけたままスパゲティを巻きつけていく。この、皿にフォークの先端がくっついている点が肝心。巻き取る分量は一口分よりもやや少なめくらいの気持ちできっちりと巻いていく。このやり方なら失敗しないはずだ。決してフォークを寝かせて皿から離してはいけない。寝かせて巻くと、持ち上げたときにほどけてしまうから。

よく知られていることだが、スパゲティは日本そばのようにズルズルとすすり上げてはいけ

ない。また、一口で食べきれずにスパゲティを噛み切って皿に落とすのも非常に恥ずかしい行為だ。そうならないように、巻き取る分量は一口まで。少しずつ口に運ぶのが上品に見える秘《ひ》訣《けつ》だ。

おなじみのマカロニグラタンなどスプーンを使って食べるパスタもある

スープパスタやソースの多いパスタはフォークだけでは汁けをすくいきれないので、スプーンを使うことになる。マカロニは、フォークで食べるのが正式とされているが、グラタンなどはたっぷりのソースがおいしいメニューなので、スプーンを併用してソースごと食べてもよい。

チーズがたっぷりのラザニアは、ナイフがなくてスプーンが出されることもある。この場合、スプーンをナイフ代わりにして、一口大に切り分けて食べてよい。

ピザ

基本は手で持たずに、ナイフで一口ずつ切りながらフォークで食べる

本場イタリアでも、ピザは比較的カジュアルな店で食べられるので、あまり堅苦しくマナーを意識しなくてもよいのだが、食べる国や地域によって、ドウ（生地）の厚みなどに違いがあり、食べ方にもそれぞれコツがある。

ナポリのピザは、外側がふっくらと厚く、モチモチとしており、中央は薄い。手で持たずに、ナイフで切りながらフォークで食べていこう。

他の人とシェアするときは、生地をナイフとフォークで上下にはさんで、ワンピースを自分の取り皿にのせ、一口ずつ切り分けながら、生地の中心部から食べていく。へり側のふっくらした部分は、ナイフで切りにくいので、切らずに折りたたんで口に運ぶと食べやすい。

1人で1枚食べるときは、取り皿があれば、ワンピースの大きさに切って、取り分けてから食べる。取り皿がないときは、外側から中心に向かって一口ずつ切りながら食べればよい。

全体に薄くパリッとした薄焼きピザも、ナイフとフォークで切りながら食べる。薄いからといって、切ったピザをフォークで数枚重ねて刺すなんて食べ方は絶対にしないこと。ナイフで切れないほど、生地がパリパリしたピザは、カジュアルな席では手で持って食べてもよい。

生地が厚いピザは、生地を折って食べると中の具もこぼれない

外側から中央まで生地に厚みがあるアメリカンタイプのピザも、基本的な食べ方は同じ。海外のカジュアルなピザスタンドなどでは、男性は豪快に手で食べても大丈夫だ。このときは、

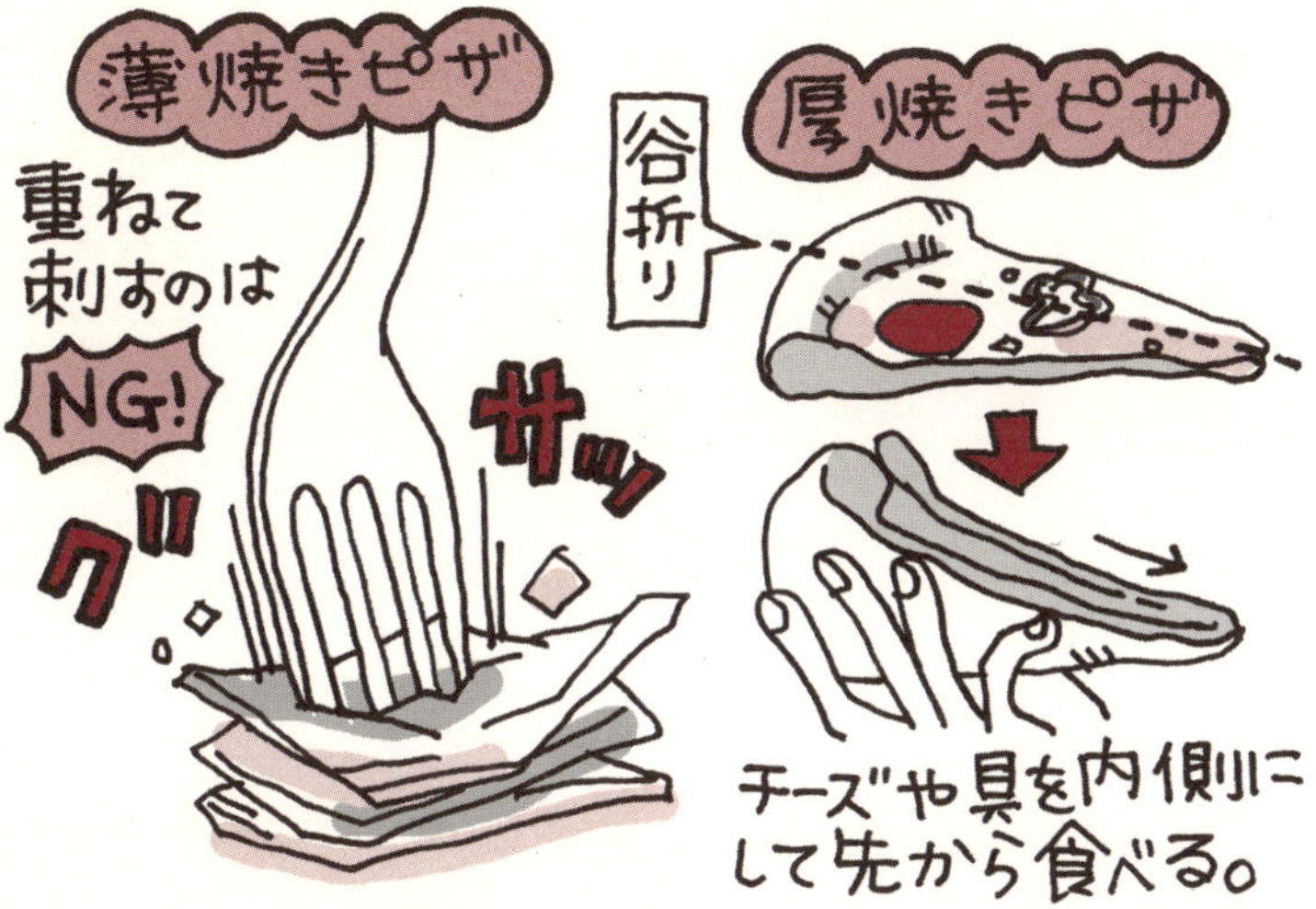
薄焼きピザ
重ねて
刺すのは
NG!
グ
サッ
厚焼きピザ
谷折り
チーズや具を内側に
して先から食べる。

生地をクルクルと丸めたり、へり側を持ってチーズが内側になるように細長く二つ折りにし、先のほうから食べると、具やチーズがこぼれずにすむ。

取り分けるときのとろけるチーズはフォークでのせながら生地の上へ

ピザにはモッツァレラなどのびのよいチーズが使われる。皿に取り分けるときは、テーブルの上にこぼれないように、フォークでチーズを生地の上にのせながら運ぶこと。

店によっては、タバスコやスパイシーなオリーブオイルが用意されていることもあるが、それらは全体にかけず、ピザを自分の皿に取り分けてから、好みに応じてかける。

大きな具は、ナイフで一口大に切って食べるが、具だけをつまんで食べるのは品がない。下の生地ごと切り分けて一緒に食べること。

パンとバター

遠くにあるバター入れは、近い人から取ってもらうのがルール

バターが入っている容器をバタークーラーといい、バターが溶けないように冷やした銀器や陶器が使われる。通常、4人に1つ、2人席では、テーブルに1つが基本で、各人にはない。目の前にないとき、自分で取ろうとして、隣の人の目の前を横切って手を伸ばして取るのはタブー。近い人に頼んで取ってもらうのが礼儀。お礼を言うのも忘れずに。また、自分の分のバターを取ったら元の位置に戻す。このときにも、人の手を介して戻すこと。

バタークーラーから取ったバターはいったんパン皿にのせる

バタークーラーに入れてあるバターは共有のもの。ココットなどの陶器の入れものに詰めてあるときや、取りやすいように1つずつ小さな形に整えて銀器に入っている場合などさまざま。いずれの場合も、自分が一食で使うだろうと思う量を取る。1つずつに分かれているときは、人数を考えて1つか2つにとどめて取ること。

バターはパンの全面に塗るべからず。パンは一口で食べられる分をちぎって、自分のバターナイフを使ってバターをのせて食べていく。

バゲットなど皮のかたいパンくずがテーブルに飛び散った場合、店の人があとで集めてくれるので、自分で取る必要はない。店の人にまかせるのがエチケット。

パン皿を置かない店もある。そのときはテーブルクロスの上に直接パンをのせてよい。バターはメイン料理の皿の端にのせておこう。

コース料理のパンを食べるタイミング。メインディッシュと一緒に終わるのが理想

「コース料理のパンは、いつから食べ始めてよいか？」食べるタイミングは、以前は「スープを飲み終わってから」といわれたが、最近は前菜と同時に出す店もあるので、最初から食べてもよい。ただし、メインディッシュが来る前に食べ終えてしまうのはＮＧだ。

メインディッシュの皿が下げられるときは、パン皿も下げられる。あわてて残ったパンを口に押し込むなんてみっともない。コース料理のパンは、あくまでもメイン料理とともに、バランスをとりながら食べていこう。

パンでメイン料理のソースをぬぐうのは、カジュアルな場面ではＯＫだが、正式な場では避けるのが無難。

スープ

スープは飲むのではなく、食べる気持ちで口に入れれば、音も出ない

スープをズズ～ッと音を立ててすするのは、まさに「飲もう」としていることが理由で起こる現象。日本語ではスープは「飲む」というが、英語では「eat(食べる)」。飲み物というより食べ物と考えられていて、その気持ちは飲み方にも表れている。

和食の汁椀は手に持って飲むものだが、スープボウルはテーブルに置いたままで、持ち上げてはいけない。姿勢を正して、スプーンから口に流し入れる意識で、スープを「食べる」と、うまく口に入れられる。

持ってよい食器の例外もある。取っ手があるブイヨンカップの場合は、取っ手を持って、口をカップに直接つけて飲んでもよい。

スープは手前から奥へすくう。表面をなぞるようにするとやけどもしない

スープはスプーンで手前から奥へすくう。これは英国式で、奥から手前はフランス式。最初は、スプーンでスープの表面をなぞるようにすくっていくと、熱くてやけどをする心配もない。

スープの量が少なくなってきたら、スープボウルの手前をつまんで持ち上げ、奥のほうへ傾けて角度をつけると、すくいやすい。

飲みきれないスープをパンでぬぐって食べるのはタブー。スープやパンがまずい、という暗黙のサインになってしまう。魚や肉料理にかかったソースはよいが、スープはダメと覚えよう。

飲み終わったら、スプーンは受け皿の奥側に置くのが正式。「皿を下げてほしい」という意思表示になる。皿がない場合は、スープボウル

の中にスプーンの背を下にして置いてよい。
クルトン（さいころ状の揚げパンなど）は、スープを冷ます役目もある。本来はスプーンの背でクルトンをなでながらかき回してスープを冷ましたが、現代は気にせず一緒に食べてしまってＯＫ。

中華スープと日本の吸い物は同じように椀物だが、飲み方が異なる

中華料理では、スープの具は、箸でつまんで食べるか、いったん、れんげの上にのせて口に運ぶ。スープは、必ずれんげを使って飲む。直接器に口をつけてはいけないし、器は持ち上げずにテーブルに置いたまま飲んでいく。

このとき、右手に箸を持ったまま、左手でれんげのスープを飲むのは品が悪い。スープを飲むときは、いったん箸を置いてから右手にれんげを持ち替えるのがマナー。

サラダ

サラダ皿は持ち上げない。定位置のまま動かさないで食べる

フレンチやイタリアンのコース料理には「サラダ仕立て」の前菜もあるが、フレンチのコースのサラダは、最近は肉料理と同時に出されることもある。本来、サラダが肉料理のあとに出されていたのは、肉の脂肪分の代謝をよくするため。だから、小さなサラダも残さず食べよう。

通常、サラダは肉料理の左側に置かれる。フォークを右手に持ち替えて、皿を左手に持って食べる人が少なくないが、洋食のサラダ皿は持ち上げるべからず。和食と洋食ではこの点が決定的に違う。洋食の皿はテーブルに置かれた場所から動かさないのが基本のマナーと覚えよう。

切りにくい葉物野菜や、滑りやすい野菜はどう切ればよい？

しかし、日頃から食べ慣れているサラダも、平皿だと意外と食べにくいので、つい手に皿を持ってしまいがちだ。ナイフとフォークで食べやすい大きさに切りながら食べればいいのだが、葉物野菜など厚みのない野菜は、フォークで刺しにくい。その場合、ナイフを用いて葉を折り曲げながら刺せばOK。また、大ぶりのものをそのまま大口を開けてむりやり押し込む、なんてことにならないよう、めんどうがらずに、一口大に切りながら食べよう。

滑りやすい野菜もあなどれない。プチトマトなど、「刺したいのにコロコロ転がって刺せない！」ってことになりやすい野菜は、フォークを上からではなく、斜め横から刺してみよう。そのときナイフを素材の斜め右下に添えて支え

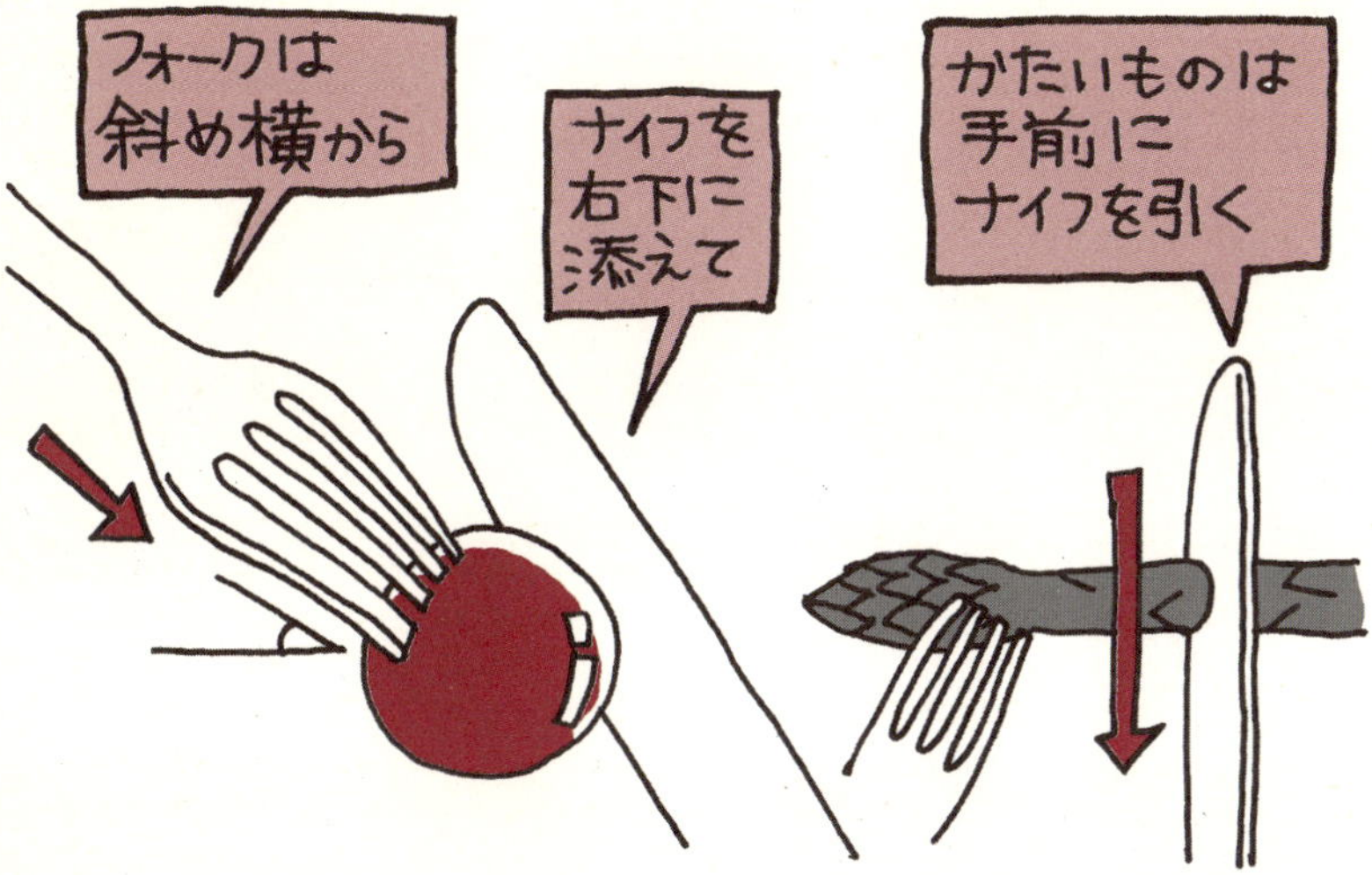
フォークは
斜め横から
ナイフを
右下に
添えて
かたいものは
手前に
ナイフを引く

ると、転がることもない。

また、アスパラガスなどかたゆでの野菜は、切る際にカキンと皿にナイフが当たる音が出やすいもの。これは、思いきりナイフで「切ろう」として素材を上から押しているため。押すのではなく引くとうまくいく。手前にナイフを動かすと、音が出ない。

ドレッシングが別添えのときは、全部かけずともよい

ドレッシングが別に添えてある場合は、レードル（小さな玉じゃくし）で分離した酢と油を軽くかき混ぜて、サラダにかける。一度に全部かける必要はない。自分の好みで残してもかまわない。

サラダ用のカトラリーがない場合、食べ終わったら、フォークはサラダ皿に入れず、メイン料理の皿に揃えること。

魚のムニエル

一尾のムニエルはいきなり身を食べない。ひれをはがすことから始めよう

西洋料理の魚料理。メニューに英語の表記ではフィッシュ、フランス語ではポワソンと書かれている。身が柔らかくくずれやすいため、きれいに食べるにはコツがいる。

伝統的な料理の1つムニエルは、魚に塩、こしょうをして、小麦粉を軽くまぶしてバター（油脂）でソテーした料理。

舌平目やいわなやにじますなどの淡水魚もムニエルにすることが多い。

ムニエルは、まるごと一尾《び》（頭と尾つき）で出るときもある。ひれもついたままの一尾の場合、きれいに食べるためには、いきなり身を食べ始めることはしないこと。手順を踏もう。

まず、ナイフとフォークでひれを取りはずす。魚料理は、頭が左、尾が右側になるのが決まり。頭から尾に向かってひれの内側に切り込みを入れる。取ったひれは、皿の奥に。

次に中骨に沿って切り込みを入れ、上身《うわみ》の手前側半分を持ち上げて皿の手前に移す。手前の上身を食べたら、次に上身の奥側も同様にして食べていく。

中骨や頭はひっくり返し厳禁。ナイフとフォークで持ち上げてはずす

魚の中骨が見えた状態のところで、次は中骨を取りはずす。頭のつけ根の下にフォークを入れ、ナイフを中骨の下に入れて、身から骨をはずす。だいたい、尾から頭に向かってよりも、頭から尾に向かってはがしたほうが、身とすんなり骨が離れやすい。取った中骨は、皿の奥へまとめておこう。

あとは、残った下身《したみ》を、上身と同じように、手前から食べていく。

魚料理は、身が柔らかいため、フォークで刺しにくく、こぼれやすい場合もある。そのときは、左手のフォークをスプーンのように持ち、フォークの腹にのせて食べてもよい。ナイフで軽く押さえると、うまくフォークにのせられるはずだ。口に入った小骨を出すときは、指で小骨を口からつまみ出さないこと。フォークの腹にそっとのせて出す。

つけ合わせのレモンは果汁が飛ばないように気をつけて絞る

輪切りのレモンはナイフやフォークでレモンの上から魚に押しつけるようにして香りを移す。くし形切りのレモンは、手で絞る。利き手と反対の手でレモンを隠し、他人に飛ばないように配慮しよう。

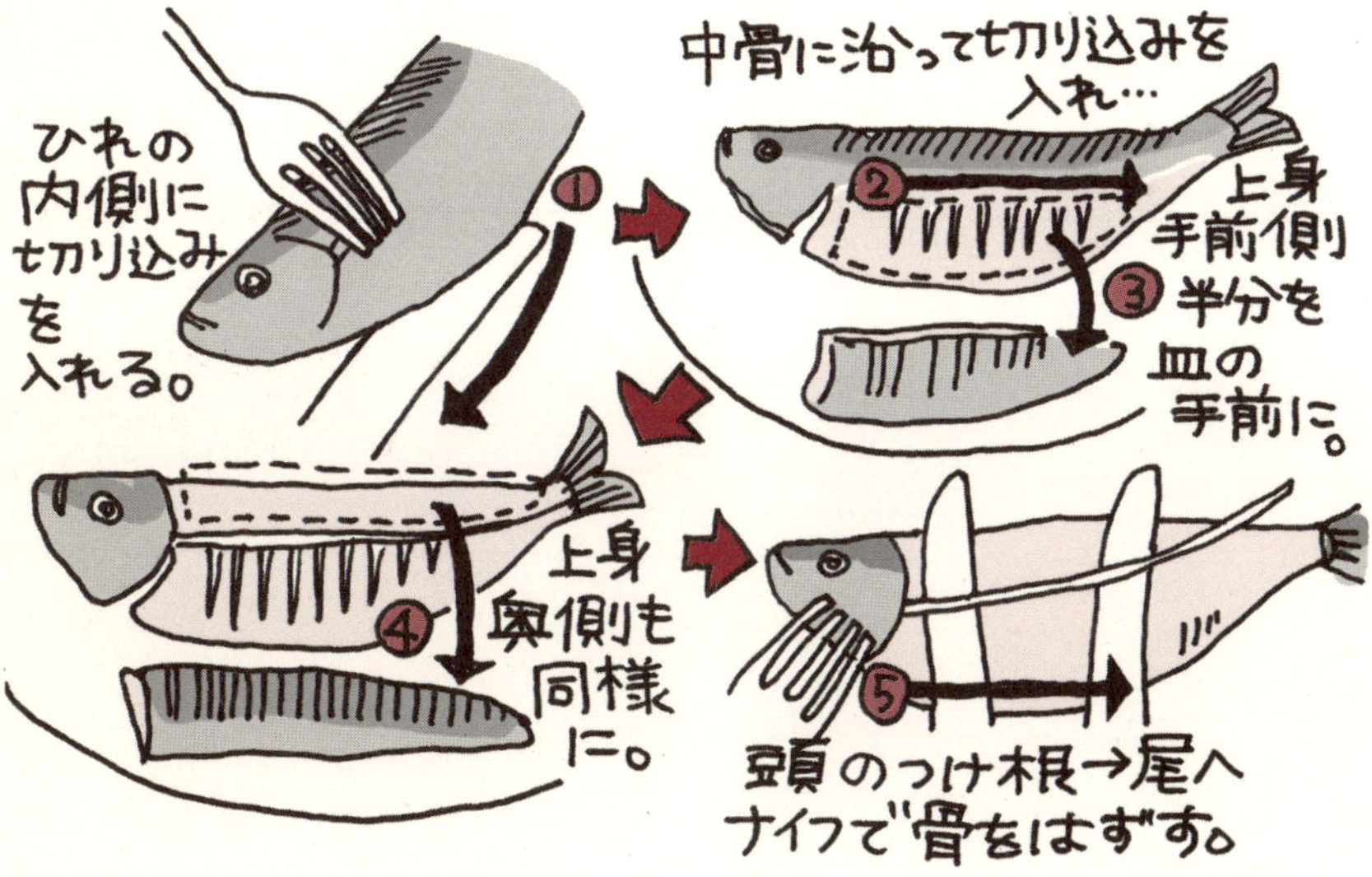

ステーキ

せっかくのごちそうだから、好みの焼き加減を伝えたい

焼き加減の目安をまず覚えよう。生に近い状態から、大きくはレア、ミディアム、ウェルダンに分かれる。

ほとんど焼かない場合はベリーレア。外側は焼き目がつくが、中は赤みが残り、ナイフで切ると多少血がにじむくらいがミディアムレアだ。ただ、海外では、レアを好む国や、よく焼くのを好む国など、国によっても差があるので、このニュアンスは若干異なる。

ミディアムは、中がピンク色で中心部まで温まった状態。ウェルダンは、中心部までしっかり焼けた状態で、「生肉は絶対に嫌」という人におすすめだ。また、カジュアルな店では焼き具合のオーダーができないこともあるので、可能かどうかを聞いてみよう。

肉ばかりをあせって食べない。一口ずつ切り分けながら食べていく

一口大に切っては口へ、という流れで、左側から食べていくのが決まり。ナイフとフォークを使う西洋料理では、右側からは食べないことを覚えておこう。

また、最初にすべての肉を切ってしまうと、肉汁が出てしまうし、冷めやすい。最後までおいしく食べるためにも、一口切っては食べ、食べては切ること。

切りにくいときは、ゆっくりナイフを動かすこと。ミートナイフには必ず刃がついているので、あせらずに手前と奥にナイフを動かせば切れる。力が入ると余計に切れなくなり、ひじも上がって、知らず知らずに「お肉と格闘」する

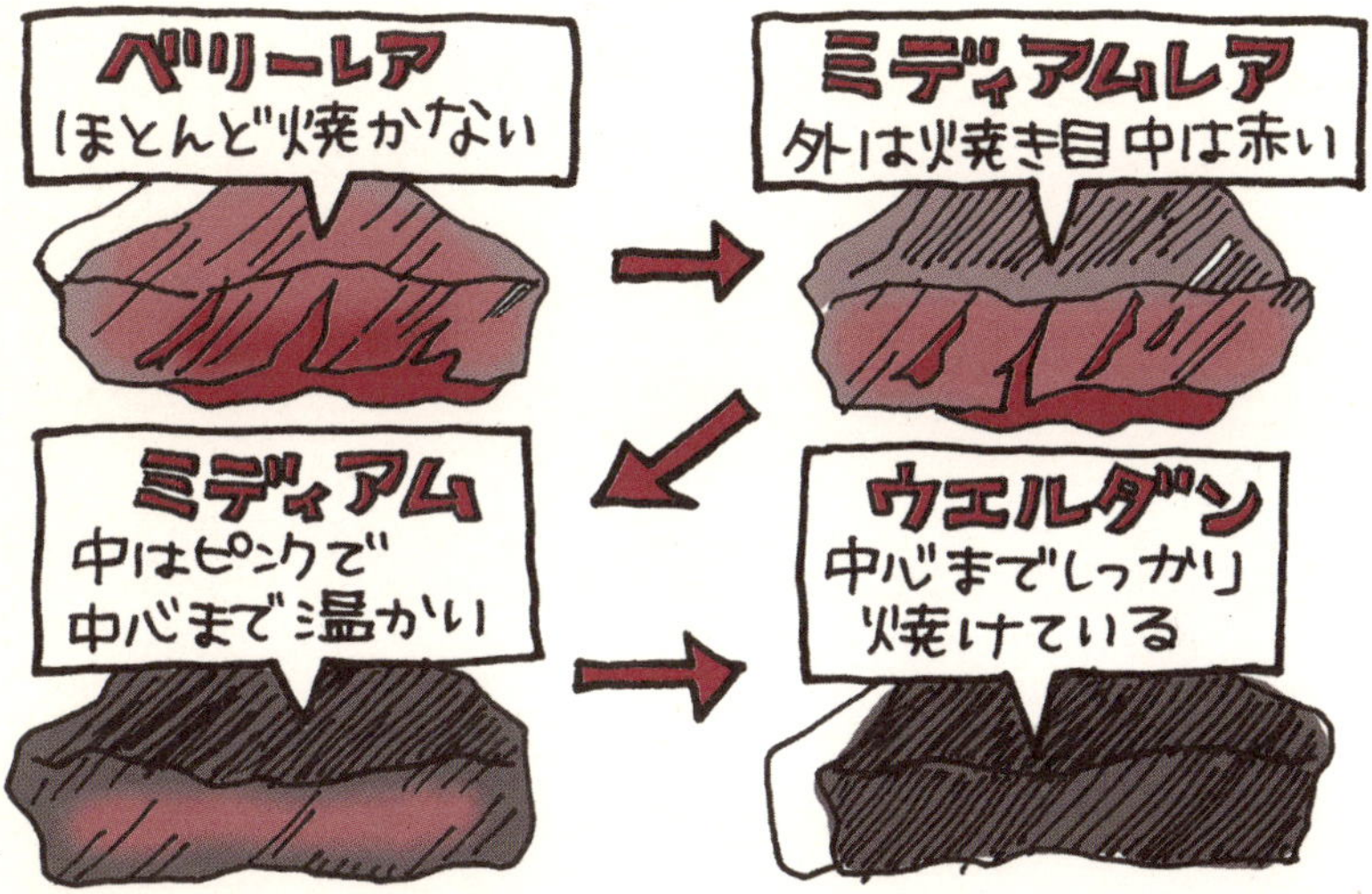
ベリーレア
ほとんど焼かない
ミディアムレア
外は焼き目中は赤い
ミディアム
中はピンクで
中心まで温かい
ウエルダン
中心までしっかり
焼けている

なんて、情けないことになる。

一口が大きいと、いつまでも口の中で噛んでいなければならないので、みっともない。ほおばらない程度の大きさに切り分けること。

野菜も残さず、肉と交互に食べるのがマナー

フレンチでは、つけ合わせのことを「ガルニテュール」という。ほうれんそうのソテーやマッシュポテト、にんじんのグラッセが代表的だ。これらは、料理に彩りを添えるだけでなく、肉による酸性をアルカリ性にするなどの役目もあるので、肉と交互に食べるのが健康的だ。

つけ合わせも一口大に切ってから食べよう。クレソンの茎などは食べにくいものの代表だが、一口の長さに切ってから、まとめてフォークで刺すと食べやすくなる。肉ばかりほおばるのは品がない食べ方になる。

骨つき肉料理

フィンガーボウルは食べ終えてから使う。最初から肉を手で持っては食べない

西洋料理では、骨がついたままの肉料理もよく登場するが、これも食べにくい料理の代表格。子羊のロースト、鴨肉のコンフィ、スペアリブ、さらにはTボーンステーキなどが代表選手だ。肉のうまみが閉じ込められてジューシーだが、食べ始めはよいものの、骨に近づくにつれて食べにくくなってくる。

店によっては、フィンガーボウルが出されることがあるが、これは手で持って食べてもよい、というサイン。とはいえ、最初からいきなり手で持ってかぶりつくのでは、お世辞にも上品とはいえない。やはり、できるところまではナイフとフォークで優雅に食べたいものだ。骨つき肉を最後まできれいに食べるには、ナイフの入れ方にポイントがある。

骨に沿って肉を切っていく。あせらないことがポイント

スペアリブなどは、骨と肉の間にナイフをゆっくり入れ、まずは骨から肉をはずす。はずした肉を皿の手前に置き、一口大に切り分けながら口へ運ぼう。

柔らかい肉の場合は、すんなり骨から肉がはがれてくれるはず。もう、これ以上ナイフとフォークでは肉を取れない、という状態になったら、ナプキンで骨を持って食べてもよい。ただし、骨についたほんの少しの肉を食べるためにかぶりつくのは、あまりにも見苦しい。片手で骨を持ち、もう片方の手を添えながら、適度に残った肉を噛み切るようにして食べる。

鴨のコンフィは、鴨の脂肪で長時間煮込んだもも肉を、骨ごと焼いたフランスの伝統的な料理。本来は、ナプキンで骨を持って食べてよいとされるが、現代ではナイフとフォークを使おう。肉質の厚いところから切り分けて食べていくのがおすすめだ。

骨の下側の肉を食べるときは裏返さない

食材や料理は美しく盛りつけられているものだから、鴨のコンフィや鶏もも肉のローストなども、骨の裏側の肉を食べるために裏返すのはタブー。フォークで肉を押さえて、ナイフを骨と肉の間にはわせ、肉を一口大に切り分けながら食べていく、と覚えておこう。

骨つき肉は、あせって食べるとステーキ以上に「お肉と格闘」している感じが強くなる。どんなに食べにくくても、あわてずゆっくり、が成功のコツだ。

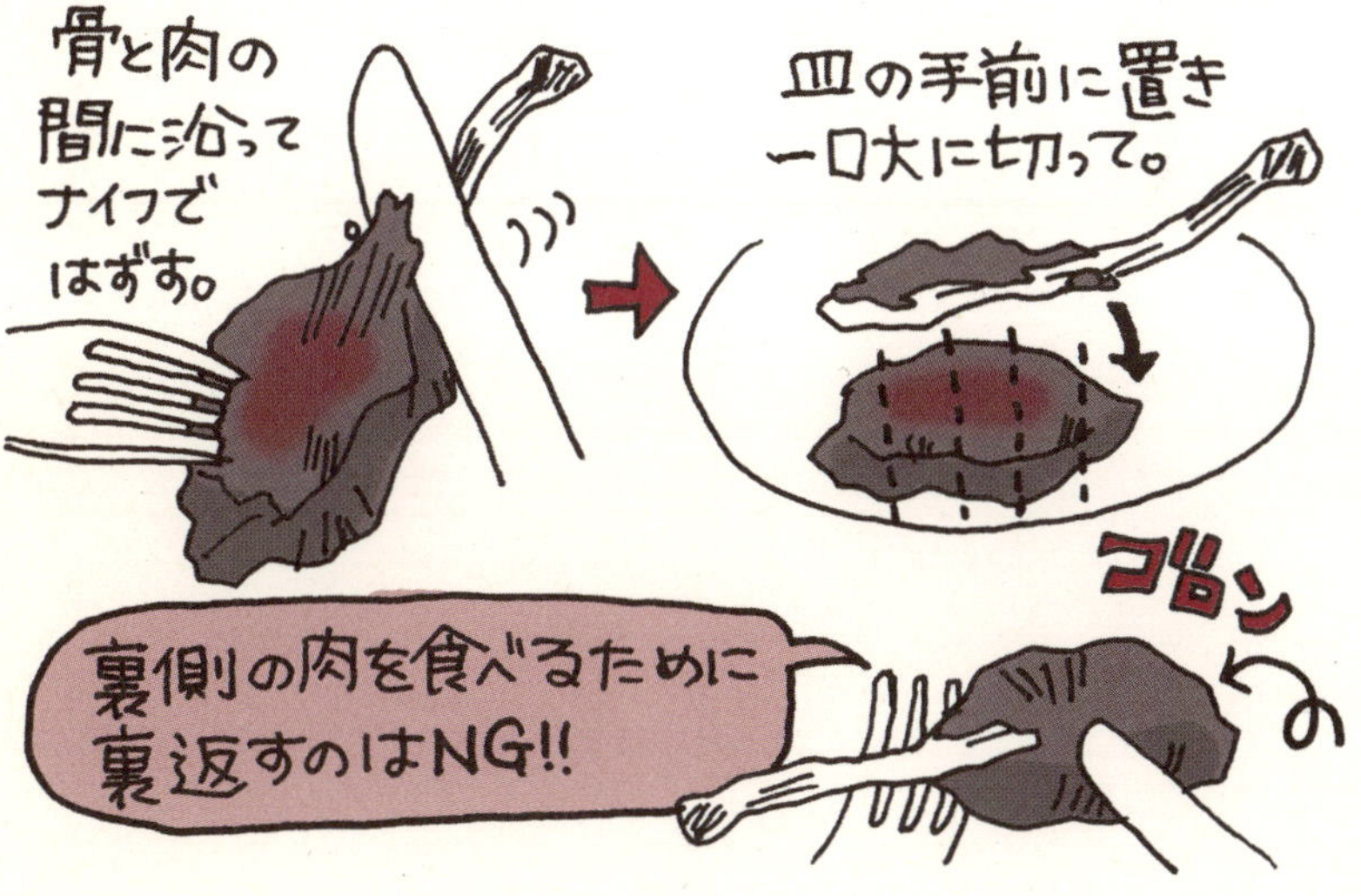
骨と肉の間に沿ってナイフではずす。
皿の手前に置き一口大に切って。
ゴロン
裏側の肉を食べるために裏返すのはNG!!

そば

箸だけで食べる日本では、そばの音は立ててよい

麺類を食べる国は世界にたくさんあるが、れんげやスプーンを使わず、箸だけで完結するのは日本だけの食べ方。そのため、そばは吸い上げて食べるが、音が出てもかまわない。

ざるそばは、箸でつまみやすいように盛りつけられているから、山盛りの盛りつけの場合は上から、平盛りの盛りつけだったら手前から少しずつ持ち上げるようにしよう。盛りつけた逆の手順から食べていけば、そば同士が絡まらず、最後まで盛りつけをくずさずに食べられる。一度に口に入る量だけ箸で取り、スッとすすり上げるのがコツだ。

ざるそばは香りも最後までおいしく味わう

そばは香りを楽しむ料理でもある。そばつゆにはさっとくぐらせるほうが、そばの香りがそのまま残る。最初はそばつゆに薬味は入れずに、つゆの香りも味わおう。少しずつ薬味を入れていくほうがつゆの香りの変化が楽しめる。また、わさびをそばつゆに入れずに、そばに直接つけるのもOK。最後まで、そばつゆがにごることがなく食べられる。そばちょこは、手に持って食べること。口に近づけることで、そばのはねを防ぐことができるからだ。

そばのゆで汁のそば湯は、そばの香りが楽しめるだけでなく、たんぱく質やルチンなどのそばの栄養がたっぷり含まれているので、そばを食べたあと、最後の締めにいただこう。

残った少量のそばつゆに、そば湯を注ぐ。そばちょこに直接口をつけて飲んでよい。おいし

いそば湯は、そばつゆなしでも充分おいしい。

ざるそばと、もりそばの違いは、のりがかかっているのがざる、かかっていないのがもり、ということが多いが、店によっては同じである場合もある。

つゆそばのつゆを飲む場合は、直接、器に口をつけて飲んでよい。そのときは必ず器は持ち上げること。

そばは江戸時代の屋台料理。のびないように粋に食べる

そばは、江戸時代は屋台で出されたため、特に作法に厳しくないが、のびないうちにさっさと食べるのが基本だ。

酒と肴《さかな》が自慢の店は別として、そば屋ではたいてい客は店に長居せず、食べ終わったら次の人へ席を早めに空ける。粋に食べ、さっと退席するのが、マナーの基本といえる。

山盛り
上から食べる
盛りつけ始め
平盛り
すそのから食べる
盛りつけ始め
盛りつけ始め
手前から食べる

天ぷら

屋台料理で発展した天ぷら。冷めないうちに食べるのが作法

「テンプラ」は、室町時代に伝わった南蛮料理の一種なので、和食の歴史でも比較的新しい言葉。そのため、懐石料理では、天ぷらではなく、揚げ物と書かれていることが多い。

天ぷらは、江戸時代の屋台料理として大衆に広まったとされるため、冷めてしまっては「粋」な食べ方にはならない。熱々のうちに食べるのが作法。サクッとした食感を楽しみたい。

盛り合わせの場合は、手前から食べるようにしよう。和食の盛りつけは、見た目もきれいに、かつ食べやすいように盛るのが特徴。最後まで盛りつけの山をくずさずに食べていこう。

天つゆ、塩はお好みで。つけすぎないのがコツ

天ぷらのコースは特に決まった流儀はない。反対にいうと、店のこだわりがある場合も多いので、流れを聞いてみよう。「天つゆはどこまでつけてよいのか?」と困る人がいるかもしれないが、これも基本は自由。ただ、一度に全部をつけると、衣がつゆの中ではがれてしまったり、食べるときに、つゆがポタポタと落ちて行儀が悪い。衣の軽快な食感も楽しむには、一口に入る分量だけをつゆにさっとくぐらせるのがよい。天つゆの器は、手に持って食べる。

天つゆのほかに、塩やレモンが出されることもある。どの食材に塩なのか、天つゆなのか、などの決まりはないので、好みでさまざまな味を楽しもう。皿の塩に天ぷらをつけると、どうしてもつけすぎになる。塩をひとつまみして、

つゆは…
ザッ
一口に入る分だけつゆにさっとくぐらせる
塩は…
ひとつまみして軽くふる
パラ

揚げ物に軽くかけて食べるのが正しい作法だ。

また、一尾のえびやさつま芋、竹の子などは、一口では食べられないし、箸では切りにくい。むりやり箸で切らずに、きっちりと口で噛み切って、なるべく2口、3口で食べきる。

注文の決まりはない。軽いものから重いものへ

天ぷらをお好みのアラカルトで注文する場合も特に決まりはないが、注文と注文の時間をあまりあけないのが、マナーでもある。野菜や淡白な魚介類から始めて適当に味の濃いものを織り交ぜて食べていくのがおすすめだ。

最後にかき揚げを注文して、お茶漬けの形にする天茶漬けや、ご飯にのせて天丼にして締めるのが粋な食べ方ともいわれるが、おにぎり、そばなどを出す店もあるので、好きに選んでよい。決まりはない。

にぎりずし

食べるのは、手でも箸でもどちらでもよい

すしは、もともとは、内臓を処理した魚をご飯の中につけて、米飯の自然発酵によって魚の保存性を高めた食べ物だった。「なれずし」と呼ばれる料理だ。ご飯は魚を貯蔵する目的に使われたものだったから食べずに、魚だけを取り出して食べていたといわれる。作るのに時間もかかった。今も琵琶湖沿岸で作られている「ふなずし」などはその典型だ。

それが、ご飯そのものもおいしく食べる「にぎりずし」に発展したのは江戸時代。せっかちな江戸っ子が素早く食べられるように生魚を酢で締めたご飯にのせて食べたとされる。当時は「早ずし」ともいわれ、江戸でにぎわっていた屋台で食べられた料理。

現代は、回転ずしやスシバー、アレンジずしなど、さまざまなスタイルで世界中で食べられているが、定番の食べ方は覚えておきたい。

にぎりずしは、すし職人の手の中で作り上げる料理だから、手でつまんですぐに食べるのが味わい深く、もっとも納得のいく食べ方。だから手を使って食べても問題はないのだが、にぎり以外にも、つまみや、お椀を飲んだりもするので、箸を使うほうが無難な場合もある。手でも箸でもどちらでもかまわない。

ただ、手で食べたあとで箸を使うときは、箸ににおいがつかないように、おしぼりを使おう。

しょうゆはご飯よりねたにつける

手で食べるときは、すしを横に倒して、ねたとすし飯を親指と人差し指でつまみ、中指をち

ょっと添えて、ねたの先端だけにしょうゆをつけて食べる。しょうゆをご飯（シャリ）につけると、すしがくずれてしょうゆの小皿に米粒がこぼれてみっともない。しょうゆはつけすぎると、せっかくの素材の味が台無しになる。箸で食べる場合、ねたにつけにくいときは、箸でガリを少量取って、ガリにしょうゆをつけてねたにつける方法もある。ご飯に比べ、ねたが大きいときは、ねたでご飯をくるむようにして食べる。

生魚を食べるすしには、おなかをこわさないように工夫がある。すしのお伴《とも》はお茶だが、緑茶には殺菌効果もあるのだ。また、最後にお茶を注文すれば、退席する合図にもなる。お茶を「あがり」というのにはそんな意味合いもあるのだ。さらに殺菌効果は、ガリにもある。口をさっぱりさせる効果もあるので、すしを食べる合間につまむと、魚のにおいや脂を緩和してくれる。

巻きずし

手巻きは手で持って、数回に分けて素早く食べる

最近はさまざまな種類の巻きずしがあるが、本来、すし屋で巻き物といえば、かんぴょうののり巻きを指すのがふつうだった。1本を4つに切り、かんぴょう以外のきゅうりのかっぱ巻きや、まぐろの赤身の鉄火巻きなどは6つに切って出される。

切らないままの手巻きずしは、下のほうを持ち、太いほうから食べていく。しょうゆはのりにつけよう。1回で食べきれないときは数回に分けて口をつけてよいが、つけ台の上にいつまでも置いておかないこと。

うにやイクラなどの軍艦巻きは、横ののりを持って、底のすし飯の端にしょうゆを少しつける。しょうゆのつけすぎは、にぎりずし同様、すしの味を損ねるばかりか、せっかくの巻き物をくずすことにもなるので気をつけたい。

いずれも、のりが湿気を帯びないうちに食べるのが基本。すしは鮮度が命。出されたすしはすぐに食べるのが常識。最初に出された「お通し」だけで、ダラダラお酒を飲まないのもマナーの1つだ。

ちらしずし

ちらしずしとばらちらしはどう食べる?

江戸前のちらしずしは、すし飯の上に、にぎりずし用のねたをのせたもの。ちらしずしは、ねたの上全体にしょうゆをかけるのではなく、1つのねたを箸で持ってしょうゆの小皿につけて、ご飯と交互に食べていくのが流儀。好きなものから食べたいと、ねたをえり好みして左右から取らないこと。端から食べるようにして、きれいな盛りつけをくずさないようにしよう。

ねたとすし飯を混ぜて食べるのもみっともない。お重は持ち上げないでテーブルに置いたまま食べるのが基本。

江戸前ちらしに対して、一般の家庭などでもよく作るちらしずしは「ばらちらし」といわれるもの。関西では「ばらずし」の名で呼ばれている。甘辛く煮たしいたけやかんぴょう、錦糸卵、酢締めした魚などを混ぜて作るすしだ。

ばらちらしは、それぞれの具が酢飯に合うようにあらかじめ程よく味つけされているので、しょうゆをつけないで食べる。江戸前のちらしずしと違って、酢飯と具を一緒にすくって、手前から食べていくのが作法だ。

焼きとり

カジュアルな店では串のまま食べる。串を横に向ければ、のどを突き刺さない

串に刺した料理は、焼きとりのほか、トルコのシシケバブやフランスのブロシェット、スペインのピンチョスなど、世界各地でさまざまなものがあるが、串に刺したまま食べるものと、串から抜いて食べたほうがよいものがある。料理内容によっても違うし、また、同じ料理でも、店のタイプや雰囲気によって、食べ方が異なるので、TPOによって食べ方を区別してみよう。

気軽な飲み屋で食べる焼きとりは、串のまま食べてよい。実際、箸がないことも多いから、豪快に食べるしかないのだが、そのときちょっと困ることもある。

たとえば鶏肉が4つ刺してある場合。1つ目は問題なく食べられるはず。2個目、3個目とだんだん串の先から鶏肉が遠のいていくと「どう食べたらいいの?」と、特に女性は困惑するだろう。そのときは、串を横に向けてみよう。まずは鶏肉の片面を食べ、そのあと裏側を食べるようにすると、食べやすくてスマート。肉を歯で嚙んで串先までずらす、なんてことは決してしないように!

①1個ずつ片面を食べたら
②反対側を食べる。
歯で嚙んで抜きとるのは
NG!
ぐいしっ

串カツ

串からはずさずそのまま食べるから、ソースの二度づけはマナー違反

大阪名物「串カツ」も、串のまま食べる。牛肉や豚肉から、魚介、野菜まで、さまざまな素材を串に刺し、衣をつけて揚げたもので、関東では「串揚げ」と呼ばれることが多い。

気の張らないカウンタースタイルの立ち食いやカジュアルな店が多いので、作法などないと思われがちだが、気をつけたいのはソースのつけ方。カツをソースにくぐらせるのは一度だけ。「二度づけ厳禁！」と注意書きがあるように、口をつけた串を再度ソースに入れるのはご法度。秘伝のソースの味が変わってしまうし、ソースは共有なので衛生面からもマナーを守りたい。ただし、ソースはつけすぎると辛いので、串を横に倒して片側の面だけにつけるようにするのがおすすめ。

串カツや串揚げの店ではコースで出されることも多く、本数が決まっている。自分の満腹度を計算しながら、途中で「あと何本ですか」とたずねることは、決して失礼ではない。食べきれそうにないなら「ストップ」と申告したほうが店側も喜ぶ。

串を横に倒し
片側の面だけに
つけよう！
つけすぎ注意!!

串焼き

串からはずすには箸を使う。
串を回しながらなら簡単！

「焼きとり」といっても、ダイニングバーなどで出されるものは、鶏肉に限らず、野菜や卵などもあるため、メニューには「串焼き」と書かれることが多く、店の雰囲気やスタイルによっては、串からはずして食べたほうが品がいい。

そのときは箸を使う。左手で串を持ち、右手に箸を持って、箸先で鶏肉をはさんで串からはずし、1つずつ食べる。安定をよくするために、串先を皿の上につけるのがコツ。鶏肉と串が密着してはずれにくいときは、むやみに箸で引っ張るのではなく、肉を箸で押さえながらゆっくり串を回してみるとラクにはずせるはず。冷めるとはずれにくくなるので、熱いうちにはずすのがコツ。はずした串は皿の上にのせたままではきれいではない。串入れへまとめておこう。

塩からたれ味へと食べていく。
野菜も合間に入れていく

串焼き屋での注文は、脂身のないささ身や、さっぱりした塩味のもも肉などから食べ始め、手羽先やレバーなどの重量感のある具や、たれ味の肉類へと食べ進めていくのがおすすめ。野菜類は、肉類の合間に食べるように注文すれば口直しができる。

七味唐辛子などの薬味は、直接料理にふりかけない。皿の端に少量ふっておいて、料理をそちらにつけていく。まずは七味をつけない状態で食べてみて、薬味はあとからつけて、味の変化を楽しもう。最初は料理の味をそのまま味わうのも、作り手に対する礼儀の1つだ。

豆腐の田楽や串こんにゃくは、熱いので串をはずして食べる

日本料理の串焼きの1つに、豆腐の上にみそを塗って焼く田楽がある。田楽は、ほかにも、こんにゃくやなす、里芋などで作られ、上に塗る玉みそは、みそに卵黄やみりんなどの調味料を練り混ぜ、場合によっては、ゆずや木の芽などの風味がつけられる。

食べるときは、まず、箸で串からはずす。そして箸で一口サイズに切り分けてから口に運ぶ。熱々のものが多いので、やけどに注意しよう。

ただし、団子や串揚げ、いかの丸焼きなどの串物は、本来、直接串に口をつけて食べてもよい。なぜなら、串に刺すことにより、箸を使用しなくてもよいようになっていたり、庶民の手軽な食べ物として発展した料理であることが多いからだ。

汁椀

ふたが開けにくいときは椀のふちをはさんで押す

会食のときの汁物はふたつきの椀で出されることがほとんど。これは温かい状態を保つためもあるが、香りを逃がさないためもある。

会席料理では、汁物が2回出る。前菜のあとに出る最初の汁物は、すまし仕立ての椀物。2回目は、献立の最後にご飯と同時に出る「止め椀（留め椀）」と呼ばれる汁物で、腹具合を落ち着かせるように、みそ仕立てになっている。これらは、どちらもふたつきの椀が使われる。

ふたは汁をこぼさぬようにゆっくり開ける。椀物はふたを開けた瞬間の香りも「おいしさ」の1つ。右手にふたを持ったまま、椀から立ち上る季節の香りを楽しもう。そしてふたの裏側についた水滴を椀の中に落とす。これを「露切り」というが、軽くふたを斜めに傾けて回すようにするのがコツ。露切りしたら、ふたは、水滴のついている内側を上にして椀の右側に置く。膳があったら膳の右外に。

ふたが開けにくいこともある。これは、中がいわば真空状態になっているからだ。そのときは、ふたと椀の間に空気のすき間を作ってやればよい。右手でふたを上から支えて、左手で椀のふちをはさんで数回押すと、すんなり開く。

片手持ち、片手飲みはタブー。椀は両手で扱う

ふたを開けたら、椀を右手で取って、それから、左手で椀の底を持ち直す。空いた右手で上から箸を持ち上げ、椀を持ったまま左手の薬指と小指の間で箸先を軽く支え、箸を食べる持ち方に持ち替える。飲み終わって器や箸を置くと

きは、そのまま持つときの反対の動作をすればよい。慣れないとめんどうに思うかもしれないが、この持ち方だと箸を置くときも音が出ない。

和食では椀は必ず持ち上げて飲むのが作法。汁を飲むときは、箸は持ったままでよいが、箸は椀の中に入れて飲む。こうすると、口をつけた箸先を周囲に見られることもないのだ。箸を置いて飲むときは、片手飲みはしない。左手で底を支えて、右手は椀の横を支える。こうすると安定もよくなる。

飲み終わったら、ふたは元どおりに椀に戻しておく。裏返して戻す人がいるが、これは間違い。

実は椀を持って箸で食べる。
椀に口をつけて直接食べない

実を食べるときは、椀を持ち上げたまま、箸で実をつまんで食べる。口に椀を直接つけるようにして実を食べるのはタブー。

ただし、木の芽や針しょうがなどは、「吸い口」と呼ばれ、汁とともに吸ってしまってよい。

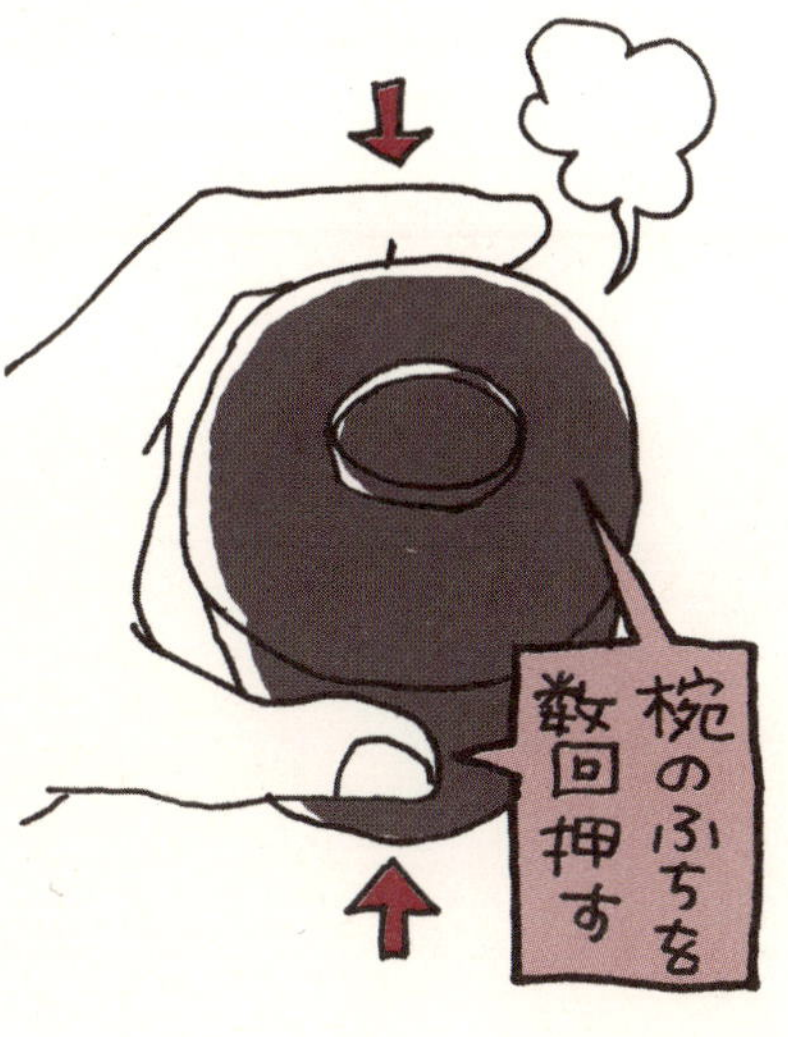

茶碗蒸し

汁物の一種だから、かき混ぜて飲んでよい料理

蒸し物の代表格。なじんだ料理の1つだが、食べ方には茶碗蒸しならではの特徴があるので知っておこう。

ふたを開けたら、ふたは裏返して置いておく。まずは箸（またはスプーン）で、器の内側をなぞるようにしてぐるっと一周円を描く。こうすれば卵が器からはずれて、食べやすくなる。そうして、上のほうから食べていこう。

熱かったら、箸（またはスプーン）でかき混ぜてよい。空気に触れさせることで冷ますことができる。和食の料理では、料理を箸でかき回して食べることはタブーだが、茶碗蒸しだけは許されているのだ。なぜなら、もともと茶碗蒸しは、箸だけで食べる料理で、吸い物代わりに出された。具は箸で取り上げて食べ、固まった卵液は箸でかき混ぜて細かくして飲んだのだ。だから、スプーンがついていなくても、器に直接口をつけて飲んでよい。

食べ終わったスプーンは、器の中でなく、受け皿へ置き、ふたを元に戻しておくと、食べ終わった合図になる。

器の内側をなぞるようにぐるっと一周する
具を食べたら卵液はかき混ぜて細かくし飲んでよい。
おっ

土瓶蒸し

季節の香りはまず、汁から味わって。すだちで味の変化をつけよう

松茸や、京都の料理屋で好まれるはもなど、季節の素材を満喫できる土瓶蒸しは、旬の香りを愛《め》でながら味わうのが正しい食べ方。会席料理では、蒸し物と椀物、両方の意味合いがある。

まずは、汁を飲んでその香りを味わう。のどを潤す意味もある。土瓶のふたの上のおちょこに汁を注ぐ。そのあと、土瓶のふたを開けて、中の具材を食べていく。具は、直接口に運ばないで、いったんおちょこにのせてから食べたほうが、品がよい。

すだちは香りの変化をつける役目なので、最初から絞り入れないのがおすすめだ。そのほうが汁の味の変化を楽しめる。

具材ばかり、汁ばかりを食べ続ける「ばっかり食べ」はみっともない。交互に食べていこう。食べ終わったら、元どおりにふたをする。おちょこはふたの上にのせない。

えびの尾や、かぼすの種など残ったものを受け皿にのせるのは見苦しいので避けること。土瓶の中に入れるか、懐紙やティッシュに包んで持ち帰ろう。

まずは
おちょこで
汁を味わう。
中の具は
いったん
おちょこに
のせてから
食べよう!!

刺身

一人盛りは、さっぱり味からこってりへ、手前から奥へ食べ進む

1人分の銘々皿に盛りつけられた刺身が1種類の場合は、手前から盛りつけをくずさないように食べていく。盛り合わせの場合は、たいやひらめなどのさっぱりした白身のものから食べ始め、とろやうになどのように味のしっかりしたものや、脂肪分が多いものを食べ進むと、最後までおいしく食べられる。

刺身は、本来は盛りつけにも、食べる順番にも決まりがあるのだが、近年は店によっては、盛りつけもさまざま。まずは、盛りつけをくずさないことを最優先に考えて、奥のものから取らないように気をつけよう。

しょうゆの小皿は手に持って食べる。こうすることで、しょうゆだれを防ぐこともできる。ただし、しょうゆの小皿は持ち上げて食べてよいが、取り皿は持たないこと。

たいやひらめなどの白身の魚は、塩昆布締めのときもある。このときはしょうゆはつけずにそのまま食べる。

小鉢に入ったイクラは、小鉢ごと持って食べる

イクラは平皿の上では食べにくいので、小鉢に入って出ることが多い。このときは小鉢を左手に持ち上げて、箸でつまむというより、すくって食べていく。「すくい箸」は嫌い箸の1つだが、小鉢の中でも滑りやすいイクラは、すくってもよい例外の1つ。飾り切りされたきゅうりなどの上にのっているときは、きゅうりごと食べよう。

刺身についている薬味やつまには役目と意味がある

わさびは、冷蔵庫もない時代、生ものの毒消しの役割もあった。魚の臭みを緩和してくれる得がたい薬味でもある。わさびをしょうゆに溶かしていいかどうかは、特に決まりはない。けれど、食べ始めのうちは、わさびを少量取り、刺身の上にのせてからしょうゆにつけていくのがおすすめ。しょうゆの香りは、刺身と相性がいいので楽しみたい。最初からしょうゆにわさびを溶くと、しょうゆやわさびの香りが変わってしまう。

花穂じそやたでなどのつまは、日本のハーブにあたるもので、香りが高く、刺身のうまみを引き立ててくれる。刺身に直接のせて一緒に食べてもいいし、箸で軽くしごいて、しょうゆの小皿に入れて、香りづけにしてもOK。

刺身舟盛り

少量ずつ取り分けよう。一度に取るのは2〜3種までにとどめる

旅館の料理や宴席で登場する舟盛りや大皿盛り。刺身の数や種類は人数の分がきっちり盛られている場合と、そうでない場合がある。大皿盛りから取るときは、人数を考慮して、取りすぎないように気をつけよう。

取り箸で少しずつ、自分の取り皿に取って盛りつける。一度に盛りつけるのは2〜3種までにとどめて、数回に分けて取っていくこと。同じ種類の魚を、真ん中から取っていくのはタブー。端や上から取るように心がけよう。取り分けるときは、しょうゆの小皿に直接のせてはいけない。必ずいったん取り皿にのせる。わさびも上から少し取り、取り皿の端にのせよう。

取り箸は店の人に頼んでOK。じか箸をひっくり返すのは、よいマナーといえない

居酒屋などカジュアルな店では取り箸がないときもあるが、じか箸で取るのは避けたい。なかったら店の人にもらえるか聞いてみよう。自分用の箸の反対側で取るのは、刺身の生臭さがつくのであまりすすめられない。

大皿盛りから取って食べるときも、しょうゆの小皿は左手に持ち上げて食べていくことや、しょうゆのつけ方などは、1人用の刺身の食べ方と変わらない。

あわびなどの大きな貝殻の上に1人分の刺身が盛りつけられ、大皿に人数分の貝殻がのっている場合がある。そのときは、貝殻ごと取り皿にのせて食べる。小鉢に入っているものは、小鉢をいったんテーブルの上に置いてから、小鉢から直接食べ始めてよい。

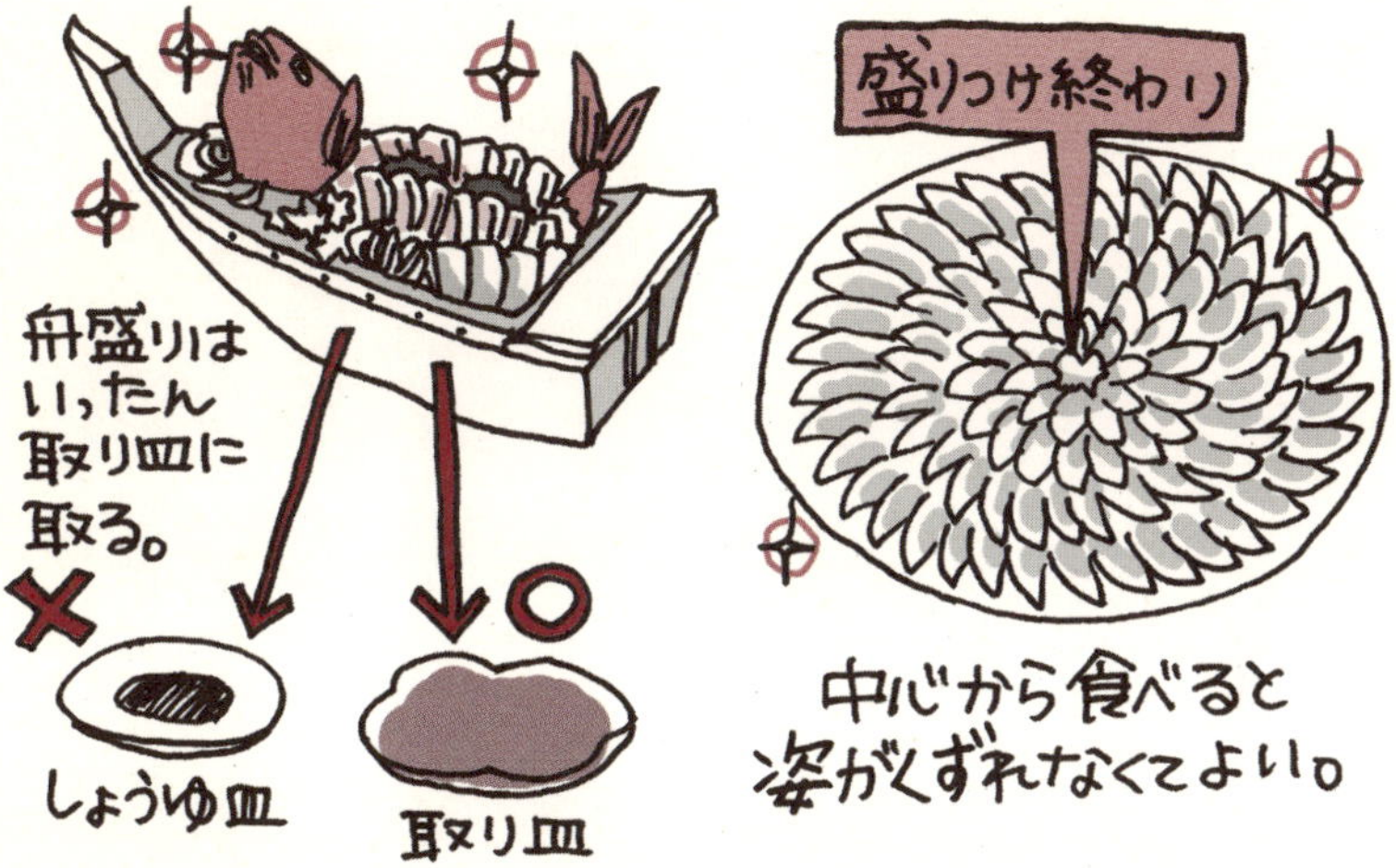

ふぐ刺しは、ねぎをのせて巻きつける。かつおのたたきは、薬味をのせて食べる

ふぐ刺しの大皿は、花が咲いているように皿のふち側から盛りつけられていく。盛りつけの最後は花芯にあたる部分なので、この中心のところから食べていくほうが、姿がくずれなくてよい。鴨頭《こうとう》ねぎや、薬味をふぐ刺しの上にのせて、巻いて食べると味の変化が楽しめる。

かつおのたたきは、あらかじめポン酢がかかっていることもあるので、その場合はしょうゆをつけない。ねぎやにんにくのスライスなどの薬味は、かつお独特のにおいを取って、旬の香りを一層引き立てる名脇役。別々に食べないで、かつおの上にのせて一緒に食べるのが、正しい食べ方だ。

焼き魚

まずは上身を食べる。下身はひっくり返さず、骨を取るのが先

頭と尾つきの一尾の魚は、食べにくいので苦手な人も少なくない。たしかに骨を取るのはめんどうだが、部位による味の違いが楽しめるのは、尾頭《おかしら》つきの魚ならではだ。

かれいを除いて、ふつう魚は、頭が左で尾を右側に、背びれは奥で腹を手前に盛りつける。

まずは、背びれや胸びれをはずし、上身《うわみ》を食べていこう。「どこから食べるのが食べやすいか?」というと、魚の種類によって違いがあるが、背の頭に近いところから中骨に向けて、まず箸を入れてみよう。背中から食べるほうが、すんなり箸が通るはず。

上身を食べて、中骨が見える状態になったら、今度は下身《したみ》。間違っても魚ごと「エイッ」とひっくり返してはいけない。これはかなり行儀が悪いとされる行為だ。魚はそのままの状態で、尾から頭に向けてスーッと中骨をはがす。尾を上にポキッと折ってからだと、よりはがしやすい。骨は、頭とともに皿の奥へまとめておこう。骨が取れたら、下身を食べていく。左側手前から食べていくのが食べやすい。

血合い(黒い部分)は、酒の肴としても珍重されるが、栄養も豊富。苦みがあるので、食べない人もいるのだが、「苦み」という味を楽しむのも和食ならではの美意識の1つ。

あゆの塩焼きは、骨を尾から右方向へ引き抜く

夏の風物詩でもあるあゆは、食欲をそそる香りを持つことでも知られ、「香魚」ともいわれている。あゆの塩焼きは、独特な骨の抜き方が

あるので覚えておくと便利だ。

まずは、ひれを折って取り除いておく。それから、中骨を抜きやすくするために、箸で上から、頭から尾の方向へ身を押していく。頭のつけ根に箸を入れて頭をはずしたら、尾を持って、右方向に一気に中骨を抜く。頭や骨は皿の隅にまとめておくことを忘れないようにしよう。

「うまく骨が抜けなかったら？」通常の姿焼きと同じように食べていこう。あゆは身もポロポロになりやすい繊細な魚だが、皮が薄く、塩焼きにすると、パリッと焼けるのが特徴なので、魚の皮が苦手な人も、身と一緒に食べてしまうと食べやすい。

好みで、たで酢をしょうゆ代わりにつけながら食べる。たで酢はたでの葉をつぶして合わせ酢でのばしたもので、あゆの臭みを取り除き、より香りを引き立たせる効果がある。

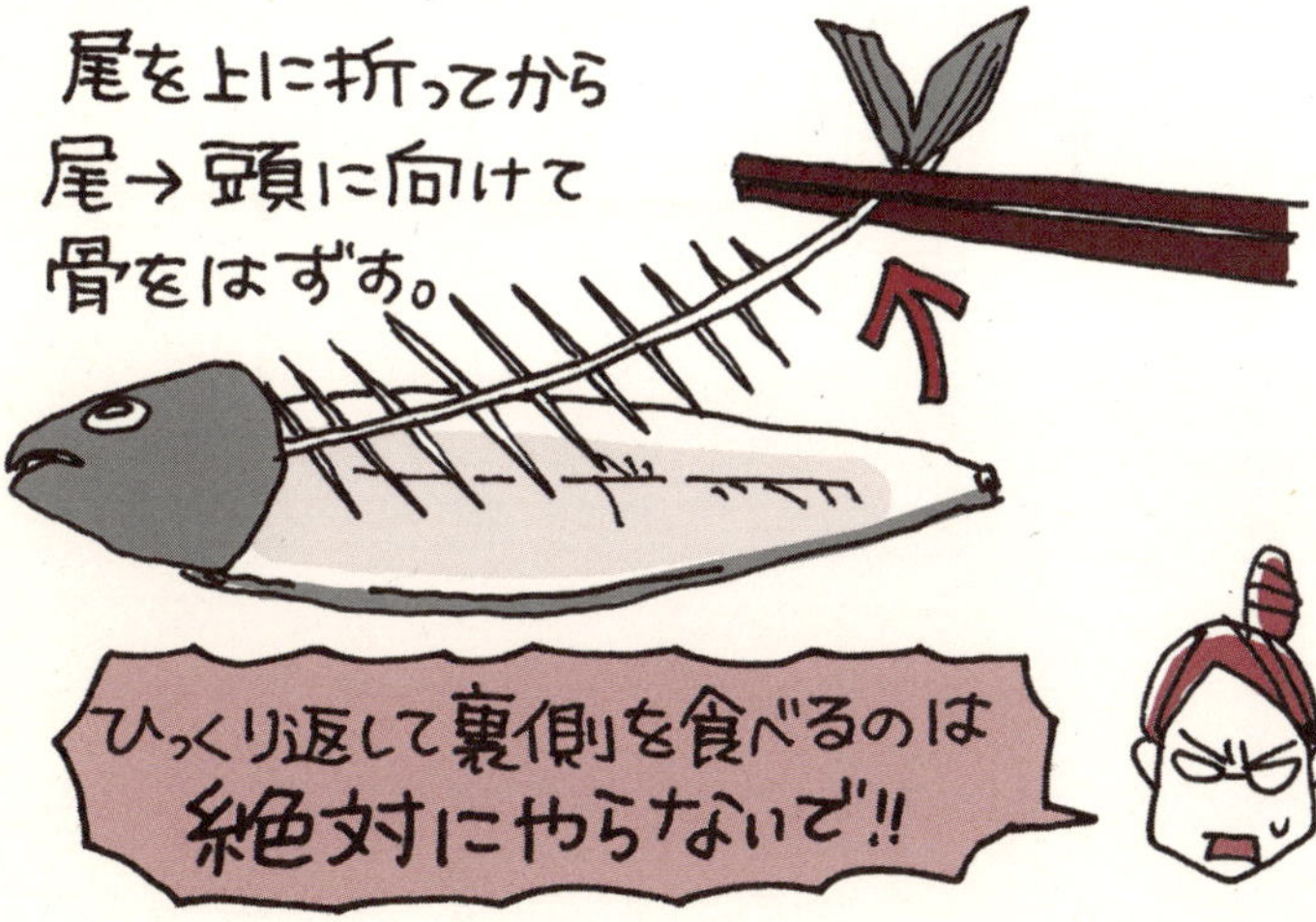
尾を上に折ってから
尾→頭に向けて
骨をはずす。
ひっくり返して裏側を食べるのは
絶対にやらないで!!

煮魚

苦手な小骨、大きな骨の克服どうする？

煮魚といってもいろいろある。たとえば、かれいの煮つけなど一尾のまま出される料理や、さばのみそ煮のような切り身で出される皿盛り、煮物椀に盛られたあら煮など、器や味つけもさまざまだ。骨つきの煮魚は、骨を取るのがめんどう、きれいに食べられない、などの苦手意識を持つ人が多い。

そして、煮魚を食べるときいちばん困るという意見が多いのが骨の扱いだ。

まず、大きな骨がついている場合。骨を残して骨の上の身から食べる。あらかじめ包丁の切り目が入っているときは、切り目に沿って箸を入れるとすんなり取れる。中骨などの大きな骨の付近は肉厚なので、食べやすいはず。次に骨の周りの身を食べていく。箸を使って、大きな骨を身からはがして器の端に寄せてから食べると、骨の裏側も食べやすい。くれぐれも中骨のすき間から箸でこじあけてすくって食べたり、魚をひっくり返したりしないこと。

次に小骨。食べていくうちに、見えて目立つ小骨は箸でよけてもよいが、食べる前に小骨を探して、魚の身をバラバラにくずすなんてことはタブー。あまり神経質にならないことも煮魚の克服には大切だ。口に入った小骨を取るときに、取っている様子が丸見え、というのも見ていて気持ちがよくないものだ。懐紙や、なければ手でもいいので、口元を隠して出すようにしよう。最後に残った骨や頭は、ひとまとめにして、上から懐紙をかぶせて隠しておくとよいだろう。

残ってしまいがちな
煮魚の煮汁……。
残っちゃった…
煮汁にはソースの役目も!
煮汁は身の上にのせるようにして!

煮汁はソースの役目もある。薄味なだし汁なら飲んでもかまわない

煮魚の煮汁は、ソースの役目も兼ねている。魚につけながら食べていくと、最後に煮汁だけが残ってしまうこともない。汁が箸からたれるのはみっともないので、身の上にのせる要領でつけていくのがポイントだ。懐石料理では、煮魚としてではなく、薄味に調味され、椀盛りの1つとして出されることもある。この場合は、椀に直接口をつけて汁を飲んでかまわない。

えらの裏側や眼肉も美味。どの部分まで食べられる?

大きな魚には、えらの裏側にも身は豊富にあるため、えらをはずして食べてよい。ほお肉や目の周りの眼肉は、肉質がきめ細かく、おいしいと珍重されている。中でも金目だいなど、脂ののった魚の眼肉のゼラチン質は、コラーゲンも豊富。

北京ダック

具の量を欲張らないで、包む皮の下側から巻くのがコツ

北京《ペキン》ダックは、ダック（アヒル）の皮の部分だけを食べる食べ方と、肉の部位も食べる食べ方とがあるが、日本では、パリパリの皮だけを食べさせる店が多い。

小麦粉を湯で練って薄くのばして焼いたクレープ状の皮に包んで食べるが、店の人が包んでくれる場合はおまかせしよう。

自分で包みながら食べる場合は、包む皮に中国の甘いみその甜麵醬《テンメンジャン》を塗り、ねぎときゅうりのせん切り、北京ダックを1切れのせる。包む皮の中央より少し奥にのせるのがうまく巻くポイント。具をのせたら、皮の手前側を北京ダックの上に折り込み、次に左右も同様に具の上に折り込んで具材を覆ったら完成。具の量が多いと、食べるときにこぼれやすいので欲張らずに作るのがコツ。

食べる際は、手を使ってもよい。折った側が下になるように縦にする。一口では食べきれないので、数回に分けてよいが、きっちりと噛み切る。噛み切れずに口からはみ出るのが、いちばんみっともない。

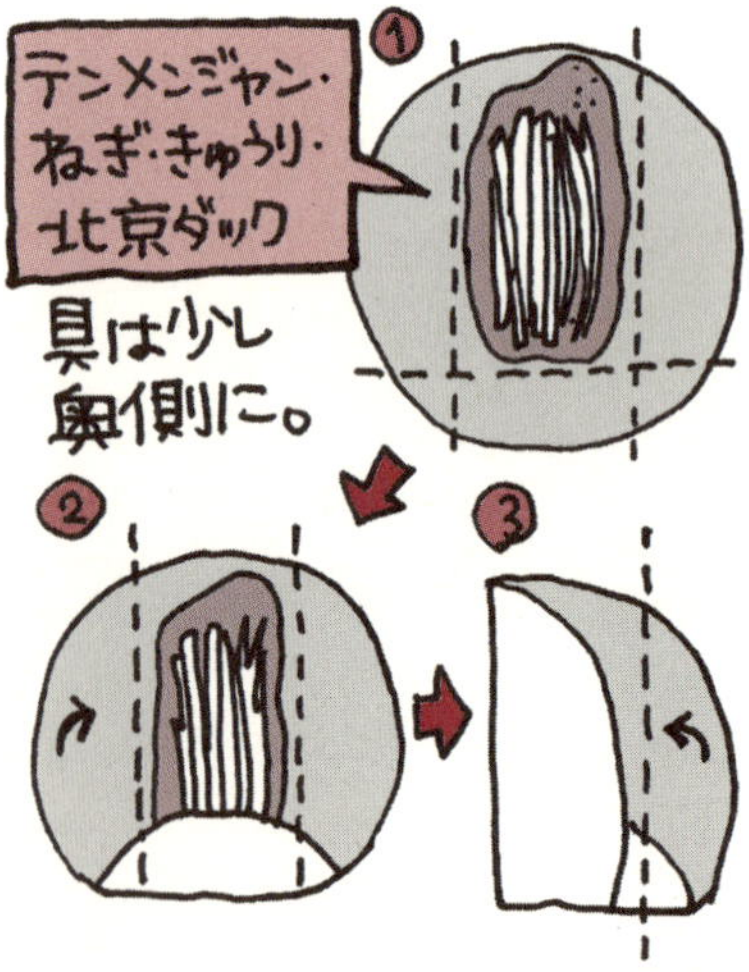

麻婆豆腐

汁物をご飯にかけて食べる。これはマナー違反？ 違反じゃない？

「麻婆豆腐《マーボーどうふ》」の「麻婆」は、「あばた面のお婆さん」という意味。実際、麻婆豆腐は高齢の女性が考案したといわれる豆腐料理で、中国では、考案者の名前を料理名につけている店もある。

　今や日本でもすっかりおなじみだが、本場は中国の四川《しせん》省。日本人の味覚に合わせたマイルドな辛さの、いわば「日本風の麻婆豆腐」が一般に知られるが、本場の麻婆豆腐は、色も違う。

　麻婆の「麻」には、中国料理の味つけに欠かすことのできない中国山椒のしびれるような辛さを示す意味もある。まさにしびれる味わいだ。

　麻婆豆腐は箸で食べるのが基本だが、汁けもあるので、深さのない皿の場合、箸では食べにくい。辛い料理にはご飯が合うものだから、量が少なくなったら、ご飯にかけて食べてもよい。汁物をご飯にかけることは、中国ではマナー違反にはならないのだ。そのときは箸でつまみ上げるのではなく、れんげを使うのが正しい食べ方。ただし、器を手に持って食べるのはタブー。食器はテーブルに置いたまま、器に直接口をつけずに食べていくこと。

麻婆豆腐は
ご飯にかけても
OK!!

小籠包

れんげを使って食べていく。スープもこぼさずおいしく食べるコツ

小型の蒸し饅頭《マントウ》、小籠包《ショウロンポウ》は、上海《シャンハイ》生まれの代表的な人気点心の1つ。「湯包《タンバオ》」ともいわれ、まさにスープを閉じ込めたところがシューマイとの大きな違い。肉まんを小型化したものではなく、作り方も大きく違う。具の肉あんには多量のスープが練り込まれているため、蒸し上げたときに、あんから流れ出たスープが饅頭で閉じ込められるのだ。肉のうまみをたっぷり含んだ熱々の汁とともに食べるのが醍醐味《だいごみ》だが、口の中に飛び出すスープでやけどをしないように気をつけよう。

皮が薄いので、箸で直接持ち上げて口に入れると、つぶれて中のスープが流れ出てしまったり、やけどをする危険性もある。左手にれんげ、右手に箸を持って、いったん箸でつまんでれんげの上にのせてから食べるのが正式な食べ方だ。

れんげに置いた小籠包の上に好みで細く刻んだしょうがや調味料をたらして、れんげごと口に運ぶ。こうするとスープごと食べられる。

れんげの上で割って、先にスープだけ飲んでもよい

一口に入る小ぶりサイズの小籠包だが、猫舌の人は、れんげの上に置いたあと、箸で、饅頭の皮を割って空気を通すと、スープが冷めて食べやすくなる。この場合は、れんげが小皿代わりになっているのだ。また、先にスープを飲んでから、小皿のしょうゆにつけて食べてもよい。

小籠包は皮と具と一緒に肉汁も味わう料理。だから、せっかくの肉汁が落ちてしまうとおい

いったん
れんげにのせる。
猫舌の人は
ここで皮を
割ってもよし！
れんげの
正しい持ち方
持ち手にある
溝に人差し
指を
のせる。
3本の指で
持つのが正式！

しくないので、割るときもせいろの上ではなく、れんげの上に置いてからにするのがポイントだ。

左手のれんげでスープを飲むのは厳禁。スープは右手で飲むべし

小籠包に限らず、中国料理のれんげの使い方にはとまどうことが多いもの。れんげは、正式には「ちりれんげ」と呼び、スープを飲むだけでなく、麺や小籠包を受けたりする小皿代わりにも使われる。この、小皿代わりに使うときだけ左手で持つ。ラーメンなどを食べるとき、右手の箸で麺を食べ、左手のれんげでスープを飲んでいる光景をよく目にするが、決して器用とほめられる行為ではなく、本場中国ではタブーだ。なお、持ち手にある溝に人差し指をのせて持つのが正式な持ち方。

メロン

皮と果肉の間にナイフで切り目を入れたら半回転させる

皮つきのマスクメロンは、結婚披露宴の洋食コースのデザートとしてだけでなく、和食の食後の水菓子としても頻繁に出てくる。宴席では、スプーンではなく、ちょっと小ぶりのデザート用のナイフとフォークが用意されている。

果肉があらかじめ一口ずつ切られている場合は、左側から順にフォークで食べていけばよい。切り目がない場合は、果肉の中央をフォークで刺してから、皮と果肉の間にナイフを入れて、右側から左方向に皮をそぐようにする。そのとき全部にナイフを入れないで、左端を残しておこう。そうすれば、皮から果肉が落ちることもないのだ。

皿の上で、メロンを半回転して左右を逆にしたら、一口サイズに果肉にナイフで縦に切り目を入れて左端から食べていく。メロンは中央のほうが甘く美味であるが、真ん中から食べるのはきれいな食べ方ではない。また、皮と果肉の間にナイフを入れていくとき、あまり皮を薄く切るのはやめよう。かたくて切りにくいし、ちょっと恥ずかしい。皮から数ミリ上の、甘みの残るところを切るメドにしよう。

食べ終わったら、皮は、食べたほうを手前にして倒しておくと、より品のよさがアップする。

フルーツパフェの皮つきメロン、かじらずフォークで切って食べる

皮つきマスクメロンはフルーツパフェにも入っている。このときは、あらかじめ半分だけ果肉と皮を切り分けてくれていることが多い。手を使って持ち上げてもよいが、そのままかじら

ず、フォークで切れていない皮と果肉に切り目を入れて、フォークに刺して食べるとよい。

　パフェを食べ終わったら、皮はグラスの中に入れておこう。食前、食中はもちろんだが、食べたあとの美しさも大切な食事作法の1つだ。

生ハムはメロンと相性がよい。どちらも一口に切り分けて一緒に食べよう

　メロンはデザートだけでなく、前菜として生ハムと一緒に出されることも多い。

　メロンの上に生ハムがのって出てきたら、ナイフを使って、生ハムをメロンからはずし、皿の手前に持ってくる。それから、生ハムを一口サイズに切り、メロンも一口大に切ったら生ハムを上にのせて一緒に食べる。

　生ハムは、かたいものと、柔らかいものと、いろいろだ。柔らかいときは、折りたたんでからフォークに刺すと、刺しやすい。

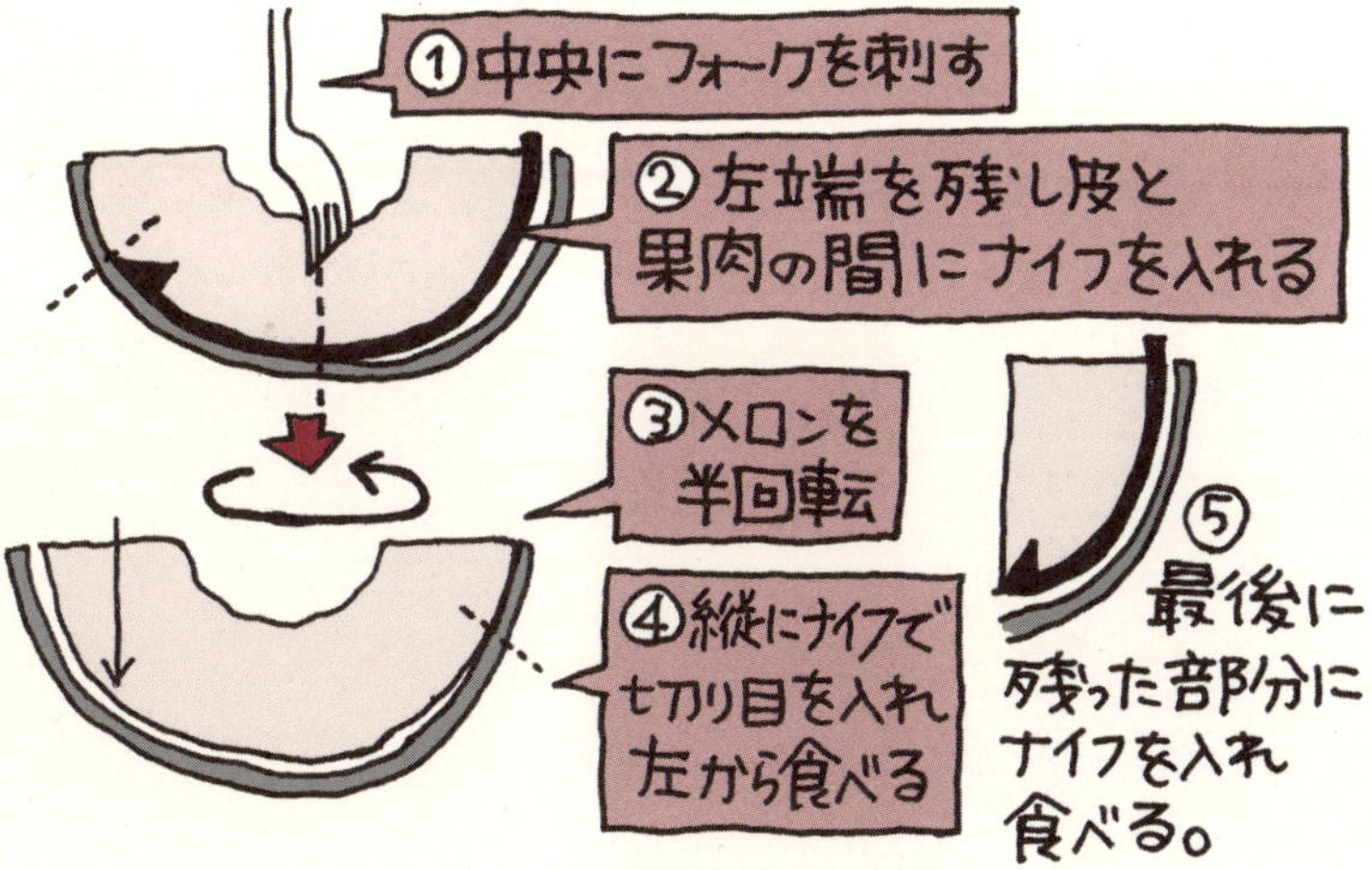
①中央にフォークを刺す
②左端を残し皮と果肉の間にナイフを入れる
③メロンを半回転
④縦にナイフで切り目を入れ左から食べる
⑤最後に残った部分にナイフを入れ食べる。

ミルフィーユ

パイ生地はナイフを使って水平に切る

テーブルに運ばれてくると、誰しも顔がほころび、幸せな気持ちにさせてくれるケーキ。最後まできれいに食べたいものだが、パイ生地を使ったケーキとなると、なかなか手ごわい。

ミルフィーユは、パイ生地を何枚も重ねているためフランス語で「1000枚の（ミル）葉（フィユ）」という意味の名前がつけられている。生地がサクサクしているほどおいしいのだが、それだけにこぼれやすい。食べ終わったときには、皿にパイが散らかっている状態になりがちで、食べにくいスイーツの代表格といえよう。

皿の上にクリームやパイがつかないように食べるには、フォークだけよりも、ナイフとフォークで切りながら食べると、パイ生地がつぶれにくいし、クリームもはみ出ない。一度にパイの底までフォークを刺そうとせずに、まずは上半分からトライする。パイの大きさにもよるが、フォークでパイを刺したら、ナイフで全体の1/2の幅をめどに上半分を縦に切る。そしてクリームのところで上下を水平に切り分ければ、簡単に1/4が切り取れて食べられる。

ナイフはパイに突き刺さず、小きざみに前後に動かす

切るポイントはナイフの角度。パイに突き刺すように角度をつけると、余分な力が入るため、パイがそり上がってきれいに切れない。あわてずに、まずはいちばん上のパイだけを切るつもりで、ナイフを前後に小きざみに動かすようにする。ナイフとフォークは、上からパイを

①パイの上半分を
フォークで刺してから…
1/4
②ナイフで切る
このときナイフは
前後に
小きざみに動かす

押さえつけてしまうと、中のクリームがはみ出やすいので、パイをつぶさないように力を加減するのがポイントだ。

フォークだけで食べるときは、フォークを横に倒して切ると、やはりパイがつぶれてしまうので、パイに対して垂直に刺すようにしたほうがよい。

切ったパイを口に運ぶ間に、フォークの先からパイがぽろぽろこぼれるのはみっともない。しっかりフォークで刺すようにしよう。

昔のヨーロッパの淑女は、1枚ずつパイをはがして食べたといわれているのでそれでもよいが、今では珍しい食べ方になっている。

食べ終わったあとは、アルミ箔やセロハンを広げたままにせず、皿の上に折り曲げて小さくまとめておくのがたしなみだ。

シュークリーム

シュークリームは、シュー皮が柔らかいか、かたいかで食べ方を変える

シュークリームは、シュー生地が柔らかいものと、かたいものとで食べ方を変えることを覚えよう。

柔らかいシュー生地のときは、シューがつぶれて中のクリームがはみ出やすい。だから最初は、手でふたのシュー皮をはずし、フォークで中のクリームをつけながら食べる。ある程度、クリームが少なくなったら、下のシューを、クリームと一緒にナイフとフォークで切りながら、残りのクリームを包むようにして食べると、きれいに食べられる。

フォークがないときも同様に、まずはふたのシュー皮をはずし、シュー皮でクリームをすくいながら食べ、そのあと下のシューを、クリームと一緒に食べていく。

シュー生地がかたいシュークリームのときは、最初からナイフとフォークで上から切っても、シュー皮がつぶれにくい。クリームと皮を一緒に、ふつうのケーキを食べる要領で、ナイフとフォークで一口サイズに切って食べていけばよい。

ふたにクリームをつけながら食べる
最後はナイフを使って。

いちごタルト

フォークを縦に入れる、柔らかい先端から食べ始めるのがコツ

タルトも、美しく食べるのが難しいスイーツの代表格。気どって食べているのに、皿にフォークやナイフがぶつかる音が出て、恥ずかしい、という経験の人も多いはず。

フォークだけの場合は、最初にフォークを縦に入れてから、横に倒して切るようにすると、タルトのくずれも音も防げる。いちごは生地と一緒に食べる。

ナイフとフォークを使って切るときは、三角形に切ってあるタルトの場合は、先端から切っていくと食べやすい。ふちのかたいタルト生地もできるだけ倒さずに、縦にナイフを入れて切り分けて食べれば、スマートに見える。ナイフの代わりにスプーンが置かれている場合は、スプーンを横に立ててナイフのように使えばよい。

小型のタルトレットの場合も、柔らかい中央部分に垂直にフォークを刺してからナイフを入れて切ると、比較的切りやすい。

焼き加減によってタルト生地のかたさはさまざまだが、いずれも支点となる場所から縦にナイフをおろすように切れば、きれいに切れる。

先から
フォークを縦に刺してから横にして切るとよい。

ホールケーキ

人数分に切るには、どうするの？生クリームをつけないように切るには？

丸いホールケーキで切りにくいのが５人分。まずはローマ字のYの真ん中のところが、ちょうどケーキの中心になるようにY字に切る。それから、左右を2等分にすれば5人分に切り分けられる。６人分に分けるときは、Y字の応用。Y字のVの部分を広めに切って、その間を等分に切っていけば、完成。

ナイフは、切る前に刃先1/3くらいを熱湯につけてから、布などで水滴をふいてから切ると、ナイフに生クリームやチョコレートなどがつきにくく、切り口もきれいだ。お湯につける時間は短時間でよいが、めんどうがらずに、１回切るごとに、毎回同じ手順を踏むことが大切。

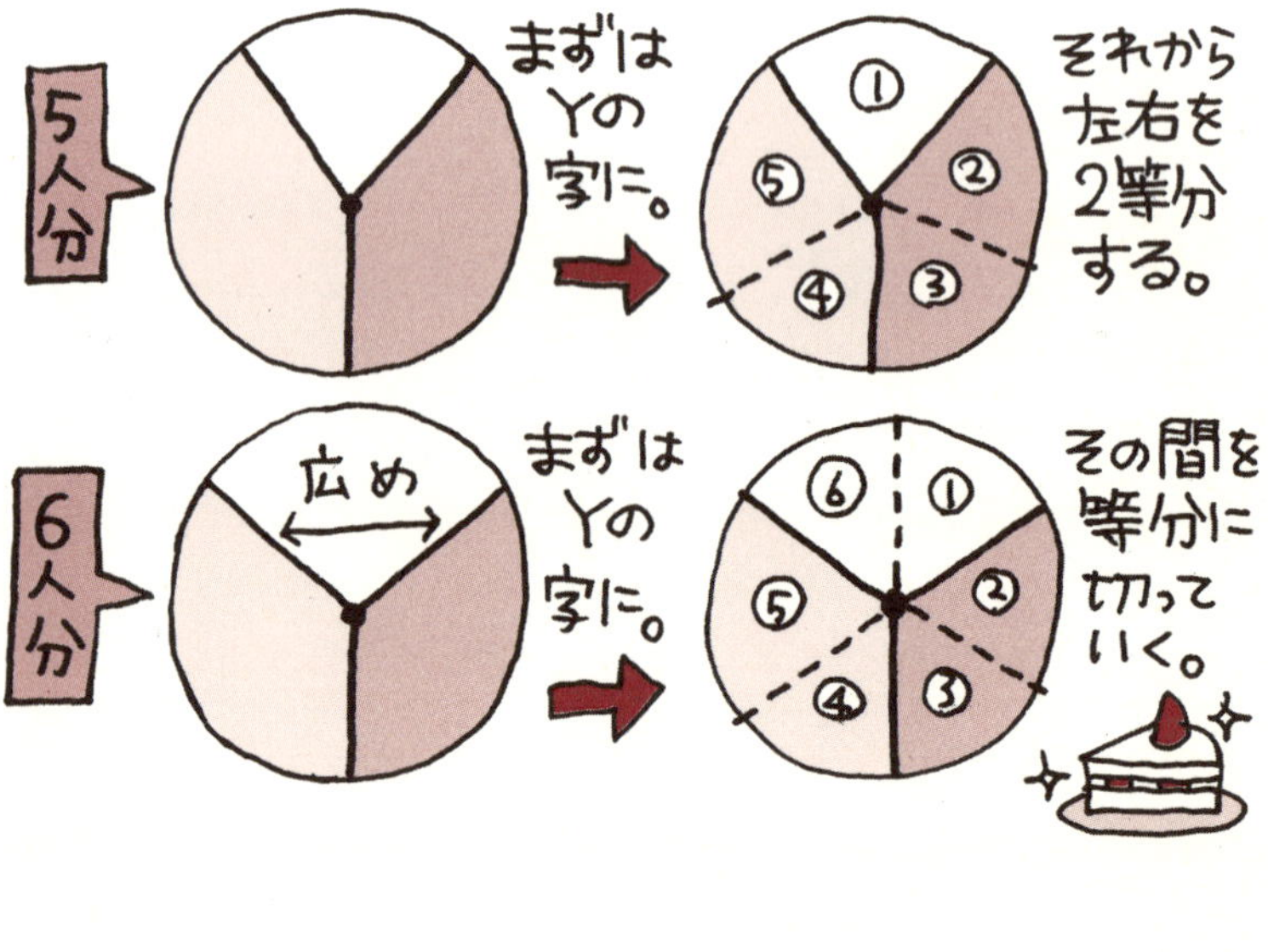

5人分
まずはYの字に。
①
②
③
④
⑤
それから左右を2等分する。
6人分
広め
まずはYの字に。
①
②
③
④
⑤
⑥
その間を等分に切っていく。

器を持っているときの箸の取り上げ方
①
両手で器を持つ。
②
器から右手を離して箸を取り上げる。
③
左手の薬指と小指の間に箸をはさむ。
④
右手を箸に沿って右にすべらせる。
⑤
右手を下に回す。
⑥
右手で箸を正しく持ったら左手を離す。
こうすれば箸は正しく持てる!!
①鉛筆持ちでまずは1本持つ。
ズッ
②次にもう1本を親指と人差し指の輪の中に下から通す。

第4章

箸や食器の持ち方 タブー＆ルール

必常識

箸は「神器」から進化したもの

ふだん私たちは何気なく箸を使っているが、そもそも日本に伝わったときには、神様にお供え物をするときの「神器」だったといわれる。神様が手づかみでは失礼になるからとされ、人間の使うものではなかったのだ。ただ、中国で生まれたとされる箸が、いつ、どのように伝わったかは定かではなく、弥生時代末期とも飛鳥時代ともいわれている。一般に使われだしたのは、奈良時代なので、いずれにしても箸の歴史は古い。

神聖な箸は、食材や食器の上には置かず、専用の台を作ったともいわれ、これが「箸置き」の始まりとされている。

2本の棒で何でも食べる箸文化は日本独自の作法

箸はたった2本の棒なのに、フォーク、ナイフ、スプーンの役目をすべて担ってしまう。世界の中でも、箸だけで食事をすませてしまうのは日本独特の文化だ。箸を使う国は、中国や韓国、東南アジアなどたくさんあるが、箸とともにスプーンも使って食べる。韓国ではご飯は「スッカラ」と呼ばれるスプーンで食べるのが正式で、茶碗はテーブルに置いたまま食べるのが作法だ。

正しく箸を持つことが、和食マナーを制する

最近は「箸は持てなくても困らない」「正しい持ち方にこだわる必要はない」という声も聞くが、日本はこれだけ箸との関わりが長い国なのだし、一生ついてまわる作法なのだから、ここでもう一度チェックしてみよう。

きれいに食べられない、うまく物がつまめない、という原因は中指の指先の位置が間違っていることが多い。基本の持ち方は、鉛筆の持ち方と一緒。上側に来る箸1本を鉛筆を持つように持つ。決して習字の筆のように持ってはいけない。そして、2本のうち動かすのは、上側の箸だけだ。

こうすれば
箸は正しく
持てる!!
①鉛筆持ちで
まずは1本持つ。
スッ
②次にもう1本を
親指と人差し
指の輪の中に
下から通す。

箸は両手を使って「三手」で取り上げる

箸を持ち上げて取るときや箸置きに戻すときに、3つの動作で扱うと、丁寧で俄然《がぜん》かっこよく見えるし、置いたときにも音が出ない。この動作を「三手《さんて》で取る」という。大して難しいことではないのでぜひマスターしたい。

① 右手の親指と人差し指、中指で、箸を上からつまんで取る。

② 左手を箸の下に添えて支える。

③ 右手を右側に滑らせながら箸の下側に動かし、中指を2本の間に入れながら箸を開き、左手を離す。

箸を置くときは、この逆の手順になる。

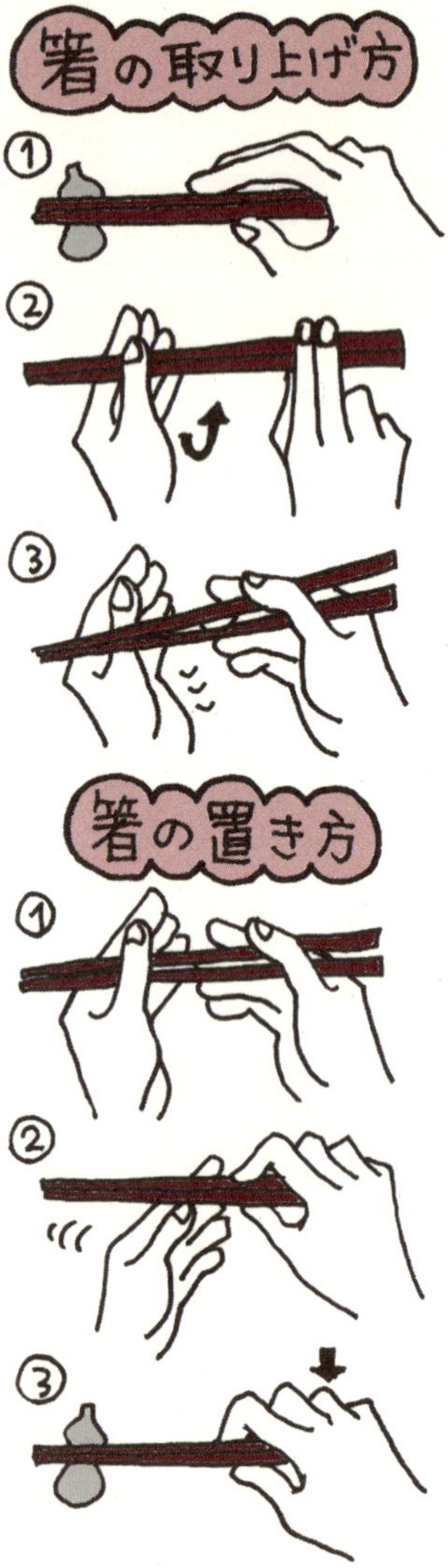

器を持って箸を取り上げるときも「三手」

器を持っているときの箸の取り上げ方
①
両手で器を持つ。
②
器から右手を離して箸を取り上げる。
③
左手の薬指と小指の間に箸をはさむ。
④
右手を箸に沿って右にすべらせる。
⑤
右手を下に回す。
⑥
右手で箸を正しく持ったら左手を離す。

和食では器は手に持って食べるのが基本となるが、このときも箸の取り上げ方は「三手」となる。違うところは、二手目の左手の受け（左図③）だが、左手はすでに器を持っているので、小指と薬指の間に箸をはさんで受ける点だけ。器の取り方も右、左の順、箸も右、左、右と覚えれば簡単だ。

タブー1

筆持ち押さえ箸

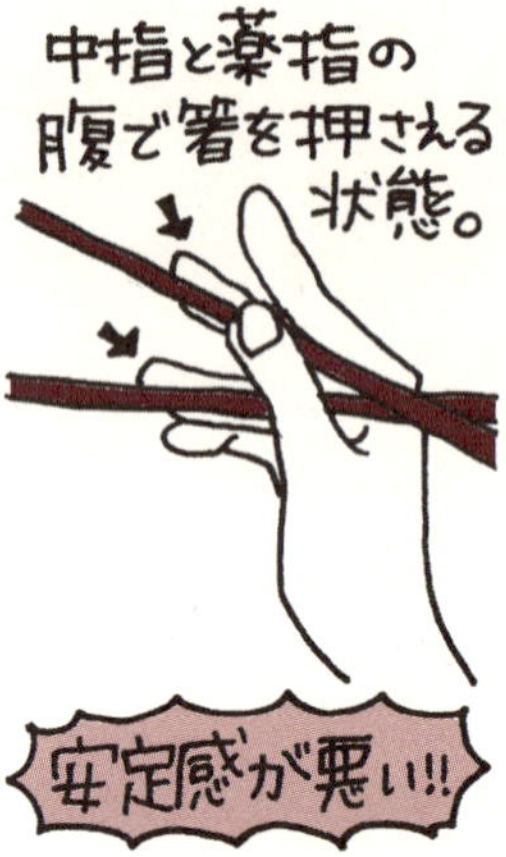
中指と薬指の
腹で箸を押さえる
状態。
安定感が悪い!!

タブー度★★★★★

毛筆を持つように、指を揃えて指の腹で箸を押さえるやり方。意外と多い持ち方だ。

NGの理由 正しい持ち方の鉛筆握りの場合は、ちょうどペンだこにあたる中指と人差し指と親指の3つの支点で力を分散するため、箸を持つのにほとんど力まなくてすむ。しかし、指を伸ばして持つこのやり方だと、力の入れづらい薬指への負荷が大きく、人差し指がほとんど使われないために安定も悪い。

タブー2

薬指支え箸

箸の間に薬指が
入っている状態。
物がつまみにくい!!

タブー度★★★★★

上の箸を薬指と中指で支える箸の持ち方。

NGの理由 箸と箸の間に指は入っているのだが、上の箸を持つ指が間違っている。これだと人差し指を使わないので、立って見苦しい。また、下の箸は小指だけで支えることになるので安定も悪く、物がつまみにくくなる。そのため、どうしても箸の真ん中よりも下のほうを持ちがちになることもみっともない理由だ。

タブー3 にぎり込み箸

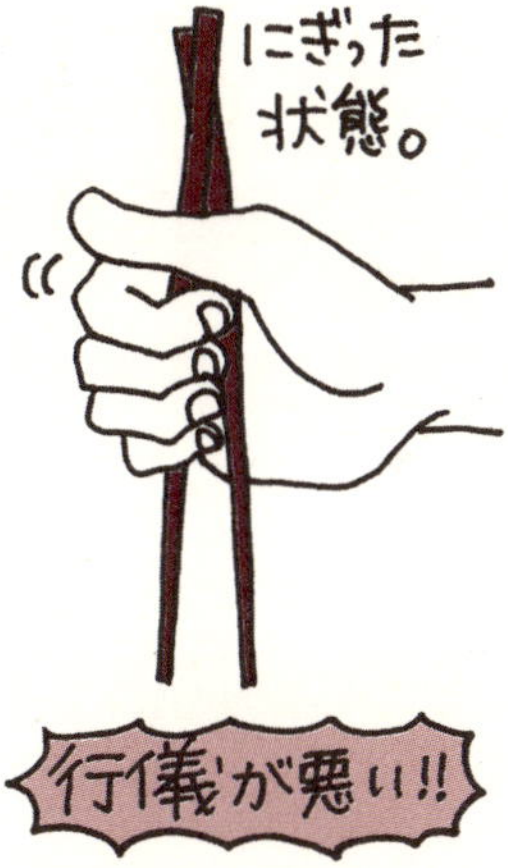
にぎった状態。
行儀が悪い!!

タブー度 ★★★★★

2本の箸をまとめてにぎるように持つこと。

NGの理由 てこの原理がほとんど応用できていないので、下の箸を支えるべき親指がグラグラするはず。箸先がくっつかず、箸はうまく開かない。これでは物はつかめないので、刺したり、かき込んだりということになりそう。行儀が悪いことはきっと自覚しているはずなので、ぜひ99ページのやり方を練習してみてほしい。きっと食事時間が楽しくなるはず。

タブー4 片手取り上げ箸

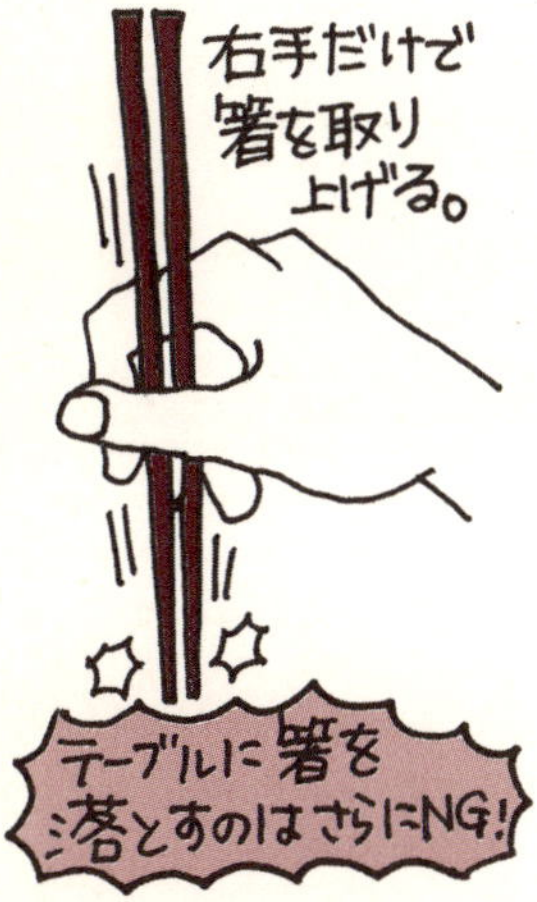
右手だけで箸を取り上げる。
テーブルに箸を落とすのはさらにNG!

タブー度 ★★★★☆

箸を右手だけで取り上げ、手の中で開いて持つやり方。

NGの理由 無造作にしてしまいがちな動作の筆頭格だが、見た目も美しくない。無意識に、箸先をテーブルにトンと落として箸を開く人も見受けられる。箸は「三手」で丁寧に静かに扱うべき神聖なもの。自分が口をつける端の反対側の端には神様が宿り、食事を共にしているとさえいわれているのだ。

箸づかいのタブーは「嫌い箸」「忌み箸」と呼ばれる

日本では、人の一生を「箸に始まり、箸に終わる」という言葉で表すように、箸はたんに食事の道具としてではなく、神仏の精神につながる崇高な意味を含んでいる。そのため、食事作法の中でも、箸づかいはもっとも重視され、昔から「箸さばきを見れば、その人の育ちや人柄がわかる」とまでいわれてきた。

美しい箸づかいは、まず箸の正しい持ち方が基本となる。箸づかいには、数十にもおよぶタブーが伝えられ、「嫌い箸」「忌《い》み箸」と呼ばれているが、正しい箸の持ち方ができていないと、いやが応でも嫌い箸になってしまう場合が多いのだ。

たとえば、豆やご飯など小さなものをうまくつまめず、残ったご飯をかき込む「かき箸」や、里芋の煮物などは、箸に自信がないと「刺し箸」になってしまう。

嫌い箸の呼び名は、地方によって多少の違いはあるが、いずれにしても、美しい所作を妨げる行為であるだけではなく、一緒に食事をする人に不快な思いをさせないためや、器や食材へのいたわりの意味も込められている。してはいけない無作法な嫌い箸を無意識にしてはいないか、一度チェックしてみよう。

タブー1 寄せ箸

箸で食器を引き寄せる。
ズズズ
箸は料理を運ぶものです!

タブー度 ★★★★★

食器を箸で手前に引き寄せること。

NGの理由 ズズ~ッと音が聞こえてきそう。箸は料理を運ぶもので、食器を移動させるものではない。

食器を引きずることで、テーブルや食器の底が傷むことにもなる。食べ物はもちろん、食器やテーブルを大切にするのもマナーのうち。

食器の移動は、いったん箸を箸置きに置いてから両手で扱うのがよい。

タブー2 押し込み箸

口に入れたものを箸で押し込む。
ぐいぐい
あらかじめ一口大に切る!!

タブー度 ★★★★☆

口に入れたものを箸で奥へ押し込むこと。

NGの理由 大きなものを一気に口に入れ、箸で押し込む姿は、それだけで醜いが、さらにそうすると飲み込むのに時間もかかるし、頬が膨らんでみっともない。

押し込み箸をしないようにするには、箸であらかじめ料理を一口大に切ること。箸先は3センチくらいまでを目安に使うのが美しいとされるので、奥まで押し込むのはマナー違反。

タブー3

刺し箸

料理に箸を
突き刺す。
グ
サッ
作り手にも失礼!!

タブー度 ★★★★★

箸で料理を突き刺して食べること。

NGの理由 まるごとの里芋など、丸いものは箸でつまむと滑りやすい。だが、料理を刺すのはその料理に火が通っているかを確かめているようで、作り手に対して失礼。

和食はもともと箸だけで食事を完結する料理なので、箸で切れるかたさに調理されている。食べる前にしっかり箸ではさむか、一口大に切って食べれば滑らずにすむ。

タブー4

迷い箸

あちこち箸を動かす。
みっともない
ですよ――っっ

タブー度 ★★★☆☆

どの料理を食べようかと迷い、料理の上であちらこちらと箸を動かすこと。

NGの理由 どちらかというと、嫌いなものより、どれもおいしそうで迷ってしまう、というときに無意識にしてしまう人が多い。男性より女性に目立つので気をつけたい。

「どれから食べよう」と目で追いながら、気持ちのままに箸で追ってしまうと、結局、箸で料理を指していることと同じになるので要注意。

タブー5

渡し箸

食器の上に箸を
渡す。
同席者にも
料理にも
失礼です

タブー度 ★★★★☆

茶碗や皿のふちに箸を渡して置くこと。

NGの理由 口をつけた汚れた箸先を、人に見せることになるので、同席者に対して失礼。箸置きに置けば、渡し箸をすることはない。また、料理の上をまたぐことにもなり、心を込めて作られた「料理」に対しても失礼な行為になってしまう。

食事の途中で渡し箸をすると、「もういりません」という意味になるので気をつけること。

タブー6

立て箸

ご飯の上に箸を
突き立てる。
仏様に供える
ときのみ!

タブー度 ★★★★★

ご飯の上に箸を突き刺して立てること。

NGの理由 これは「仏箸」ともいわれて、死者（仏様）の枕元に供える枕ご飯で、そのときにのみ許される箸づかい。周囲の者が食べてはいけないことも箸で表している。箸は一膳、もしくは一本で立て箸にする。

核家族が増えて、枕ご飯を知る機会も少なくなっているが、食事の席では決してやってはいけないこと。箸は箸置きに置くこと。

タブー7
にぎり箸

箸と器を同じ手で
持つ。
食べるときは
両手を使って!

タブー度 ★★★★☆

箸を持ったまま、同じ手で器を持つこと。

NGの理由 両手を使うのがマナーの基本。箸だけで完結する食べ方の和食も、必ず両手を使う。箸を右手で持ったら、食器は左手で持つ。

それから、たとえ両手を使ったとしても、料理から料理へ器を持ち替えるときは、箸をいったん箸置きの上に置くこと。そうして初めて両手で器を持つことができるのだ。

タブー8
さぐり箸

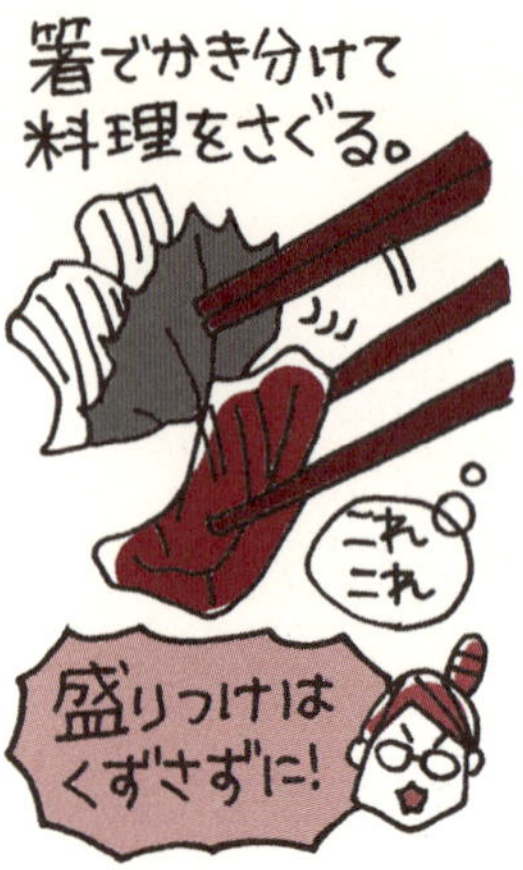
箸でかき分けて
料理をさぐる。
これ
これ
盛りつけは
くずさずに!

タブー度 ★★★★☆

盛りつけられた料理の中から、箸でかき分けて食べたいものをさぐること。

NGの理由 和食は「目で食べる料理」ともいわれるように、おいしく見えるような盛りつけの工夫がされているので、それをくずさないように、上からまたは手前から食べていくこと。箸で好みのものを探すなど、もってのほかだ。どうしても食べられないものは、さぐり箸にならないように箸でつまんで器の奥へ。

タブー9
ねぶり箸

箸先を口でなめる。
汁物を先に食べれば箸にくっつかない!!

タブー度 ★★★★☆

箸についたものを口でなめて取ること。

NGの理由 「ねぶる」とは、なめる、しゃぶるという意味。だから、箸に食べ物がついてなくても、食事中に箸先をなめるのも同じ、ねぶり箸だ。癖になっている人もいるが、どちらも卑しく見えてしまう。

日本の米は粘りがあるので、割り箸などには特に米粒がつきやすいが、汁物やおかずから先に食べるようにすると、それも避けられる。

タブー10
涙箸

箸先から汁をたらす。
ポタ
ポタ
器を左手に持てば防げます

タブー度 ★★★☆☆

箸先から、汁やたれなどのしずくをたらして食べること。

NGの理由 食膳を汚すことにもつながる行為。箸からたれるだけでなく、箸で持ち上げた料理からしずくがたれるのも同じくタブーだ。

料理を箸で持ち上げるときは、汁けを適度に落とす。そのときは箸を振らないこと。また、器を左手に持って食べるようにすれば、万が一しずくがたれても、食膳を汚さずにすむ。

タブー11

かき箸

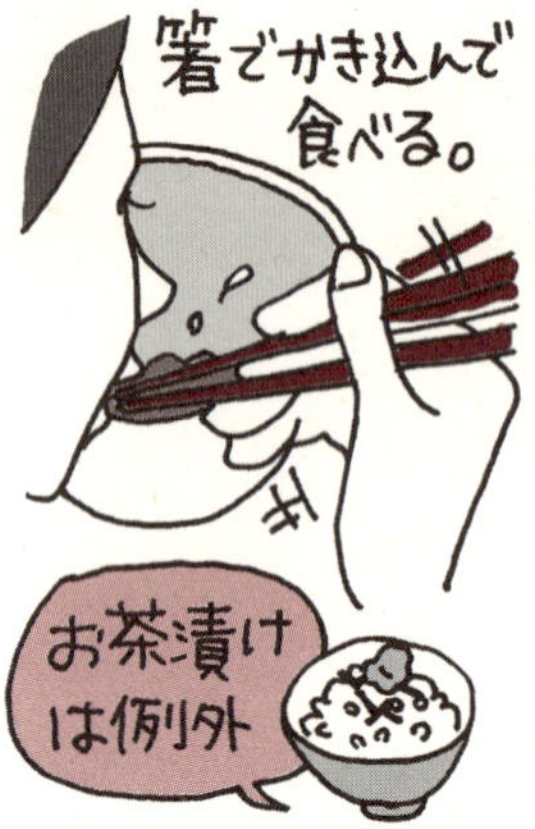
箸でかき込んで食べる。
お茶漬けは例外

タブー度 ★★★★☆

器に口をつけてかき込んで食べること。

NGの理由 どんぶり物は豪快に食べたいと思ってもこれはタブー箸。特に器の中の料理が少なくなると、箸でつままずにかき寄せてしまいがち。きちんと箸が持てないと、箸で料理がつまめず、結局、かき箸をすることになる。

　ただし、お茶漬けは例外。懐石料理で、ご飯を残さず大切に食べきるために、お湯をはって食べるものが、ルーツになっているからだ。

タブー12

空《から》箸

箸をつけたものを食べずに置く。
残さずに食べること!

タブー度 ★★★☆☆

料理にいったん箸をつけておきながら、食べずに箸を置くこと。

NGの理由 たとえばビュッフェなどで、自分が取り分けた料理は、最後まで食べるのがエチケット。同じように、いったん箸先で汚した料理は、残さずにきちんと食べよう。

　料理を作った人が「おいしくないのかな?」と不審に思うことにもなるし、気持ちの迷いは料理に対しても失礼になると覚えておこう。

タブー13 受け箸

箸を持ったまま
おかわりをする。
おかわり!!
箸先を人に向けることに！

タブー度 ★★★★☆

箸を持ったまま、お代わりをすること。

NGの理由 右手に箸、左手にお茶碗を持っていると、そのまま左手を出したくなる人も。しかし、口で汚した箸先を周囲に向けることにもなって、大変無作法に見える行為だ。

いったん、箸は箸置きに、茶碗（食器）も食卓に置き、改めて茶碗は右手に持ってお代わりをして左手に持ち替える。両手で持つのが作法と思いがちだが、そうではない。

タブー14 たたき箸

箸で食器や
食卓をたたく。
チン
チン
おかわりー
箸はばちではありません！

タブー度 ★★★★★

給仕の人を呼ぶときに、食器や食卓をたたいて合図をすること。

NGの理由 いくらなんでも外食でたたく人は見かけないが、家庭では心当たりのある人も。そもそも箸は太鼓のばちではないのだから、たたくのがタブーなのは言うまでもないが、これは、「茶碗をたたくと餓鬼が来る」ともいわれ、悪霊を呼ぶ行為とされている。そういって昔の人は、作法を教えていったのだ。

タブー 15

移り箸

おかずばかりへ箸を動かす。
あれも
これも
間にご飯かお酒を！

タブー度 ★★★★☆

おかずを食べてから、またすぐに別のおかずへと箸を動かすこと。

NGの理由 最近はあまりうるさく言われないものの、本来はおかずばかりを食べ続けるのは「卑しい」行為とされている。

おかずとおかずの間にはご飯を食べるか、お酒を飲むようにするのが、料理をおいしく食べるマナー。こうすれば料理同士の味が混ざらないで食べることができる。

タブー 16

すかし箸

骨越しに魚の下身を食べる。
ほじ
ほじ
中骨をはずして食べること！

タブー度 ★★★★☆

骨のついた魚の上身《うわみ》を食べたあと、中骨をはずさずに、骨越しに下身《したみ》を食べること。

NGの理由 すかし箸をすると、魚の下身をほじることになり、さぐり箸にも似た行為となる。また、それでは骨の裏側の身もきれいに食べられない。骨つきの魚は、上身を食べたあとは、中骨をはずして皿の奥へ移してから下身を食べていくこと。中骨を下身ごとひっくり返して食べるのもタブーの中のタブー。

タブー 17
押しつけ箸

タブー度 ★★★☆☆

ご飯を食べるとき、箸でご飯を茶碗に押しつけて、固めながら食べること。

NGの理由 ふっくらとおいしく炊き上げたご飯も、押しつけ箸をして固めてしまうと、台無しになってしまう。

日本人にとって主食であるご飯は、和食ではもっとも大切なものの1つ。特に懐石料理では、客の着席に合わせてご飯が炊き上がるように心を砕くほどだ。

タブー 18
拾い箸

タブー度 ★★★★★

食べ物を箸から箸へ渡すこと。

NGの理由 箸で持ち上げた料理を、別の箸でつまんで渡す行為は、火葬場でのお骨《こつ》拾いを連想させることから、箸づかいのタブーの中でも、最高のタブーとされている。「箸渡し」「合わせ箸」などという呼び方をすることもある。

身内での食事の席などで、料理を取り分けたりするときについついやってしまう人がいるが、絶対にしてはならない。

洋食を食べる道具はカトラリーと呼ぶ

フランス料理に限らず、西洋料理では料理ごとに専用の道具を使う。その点が箸とは大きく違うところ。ナイフ、フォーク、スプーンを総称して、「カトラリー」と呼ぶ。現在、当たり前のように私たちはカトラリーを使って食事をしているけれど、3種を食卓の上に並べて使うようになったのは、やっと17世紀後半からのこと。中でもフォークは、1533年にイタリアからフランスへお嫁入りしてきたカトリーヌ・ド・メディチとともにもたらされ、食事作法を一変させたといわれている。フランスではそれまで手づかみやナイフに刺して食べていたのだ。だからいつも口の中は傷だらけだったのだ。

さて、披露宴などのフルコースであらかじめテーブルの上にカトラリーがズラリと並んでいると、どれから使っていいのかとまどうかもしれない。しかし、ちゃんとルールにのっとって並べられているので心配しなくても大丈夫。

出される料理に使うべきカトラリーが外側から順番に並んでいる。いちばん外側にあるナイフとフォークを使えばいいだけ。また、注文した料理に合わせて、使わない道具は下げてくれる。

①**ナプキン**着席したら膝の上に広げる。

②**位置皿**「サービスプレート」とも呼ばれ、料理皿の位置を示すものでもあり、オードブルが来るまでの間、目を楽しませるものでもあるので、美しい絵皿が置かれることが多い。

③**オードブルナイフ**

③'**オードブルフォーク**

④**スープスプーン**

⑤**魚料理ナイフ**

⑤'**魚料理フォーク**

⑥**肉料理ナイフ**魚用より刃が鋭い。

⑥'**肉料理フォーク**

⑦**デザートナイフ**

⑦'**デザートフォーク**

⑧**パン皿**

⑨**バターナイフ**

フォークは左手、ナイフとスプーンは右手で持つ

ルールの重要度の目安
マナー度★★★★★　必ず守って！　恥をかきます！
マナー度★★★★☆　かなり重要！
マナー度★★★☆☆　スマートにふるまえます！
マナー度★★☆☆☆　上級レベルで一目置かれます！

日常、箸だけで食事をしている人にとっては、ナイフとフォークを使っての食事はどうにも肩がこって、という声を耳にする。何事にも慣れが必要だが、ちょっとしたコツを知れば慣れるのも早くなる。

まずは構えてみよう。

①フォークを左手、ナイフを右手に持つ。
②漢字の八の字を作るようにするのが基本の構えだ。
③ナイフもフォークも刃先は下（皿側）に向くように、人差し指は軽く上から押さえるようににぎるのがポイント。
④フォークで料理をしっかり刺したら、ナイフで静かに引きながら切っていく。八の字をくずさないように食べていけばきれいな食べ方になる。

フォークを右手に持ち替えるのは、きちんとした席ではやらないのがルール。お子様に見られてしまう。

スプーンは、鉛筆を持つように持つ。あまり下のほうを持たないほうがきれいに見える。柔らかい料理をナイフ代わりにして切るときは、スプーンの面を立ててナイフのように使おう。

ルール1 音を立てない

マナー度★★★★★

カトラリーで食事をする際にまず気をつけたいことの1つが、音。銀製やステンレス製でできたナイフやフォークが磁器の皿にぶつかるとすぐに音が出てしまう。「カチャカチャ音」をなるたけ出さないように気をつけよう。そのためには、力を入れてにぎってはいけない。取り落とさない程度に軽くにぎり、皿に強く押しつけないこと。また、ナイフで切るときにキーッという金属音を立てるのもマナー違反。

ルール2 料理を右端から切らない

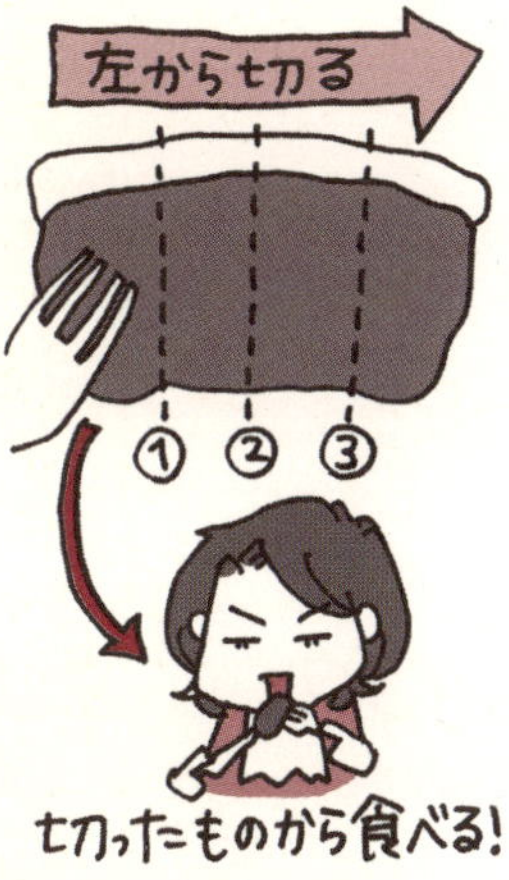

マナー度★★★★★

洋食では、利き手の左右に限らず、フォークは左、ナイフは右が鉄則。これを守れば、自然に、まず左手のフォークで料理を刺し、その右横を切ることになる。必ず料理の左端から切っていくこと。たまに右端から切っていく人を見かけるが、これは包丁で食材を切るときに右側から切っていく習慣が原因かもしれない。フォークで刺してナイフで切ったら口へ運ぶ。この一連の動作を身につけよう。

ルール3
ナイフで刺して食べない

マナー度 ★★★★★

右利きの人は右手のほうが使いやすいからだろうか、右手に持ったナイフで料理を刺して食べてしまう人がいる。そんなバカなという人でも、ナイフについたソースをついなめてしまった経験があるのでは？　ナイフは料理を切る目的の道具。間違っても、なめたり刺したりして口をつけないこと。第一、刃がついているのだから口を切る可能性もあり、危険だ。絶対に守ってほしいルールの1つ。

ルール4
フォークはジグザグ持ちしない

マナー度 ★★★☆☆

料理を切って、右手にフォークを持ち替えて食べては、またナイフとフォークを両手で持って切る。このくり返しは「ジグザグ持ち」といって、食事中にフォークが料理の上を行ったり来たりするので見苦しいとされている。右手にフォークを持って食べるのが絶対にマナー違反というわけではないが、大人ならきちんとナイフとフォークを持って食べたい。ヨーロッパでは右手持ちは子どものときだけ、とされている。

ルール5

魚用スプーンは口につけてOK

マナー度 ★★☆☆☆

ソースをふんだんに使った魚料理には、フィッシュスプーンという平たいスプーンが出ることがよくある。これは、スプーンとナイフの両方の役目を果たす道具で、料理を切り分けるとともにソースも一緒にすくって口に入れてよいとされている。もちろん、鋭い刃もついていないから危なくもない。ただし、片手持ちはしないこと。必ず左手のフォークも使って食べるのが品がいい食べ方だ。

ルール6

カトラリーで料理を集めない

マナー度 ★★★★☆

ナイフやフォークで皿の上のソースや料理をかき集めるのはやめよう。音も出やすいし、こすれて皿も傷むことになる。カトラリーは皿をぬぐう道具ではない。ソースは一口ごとに料理につけながら食べて、残らないようにするのがきれいな食べ方。少なくなった料理がフォークで刺しにくいときは、フォークの腹にのせてすくって食べると食べやすい。

ルール 7

左手前から食べていく

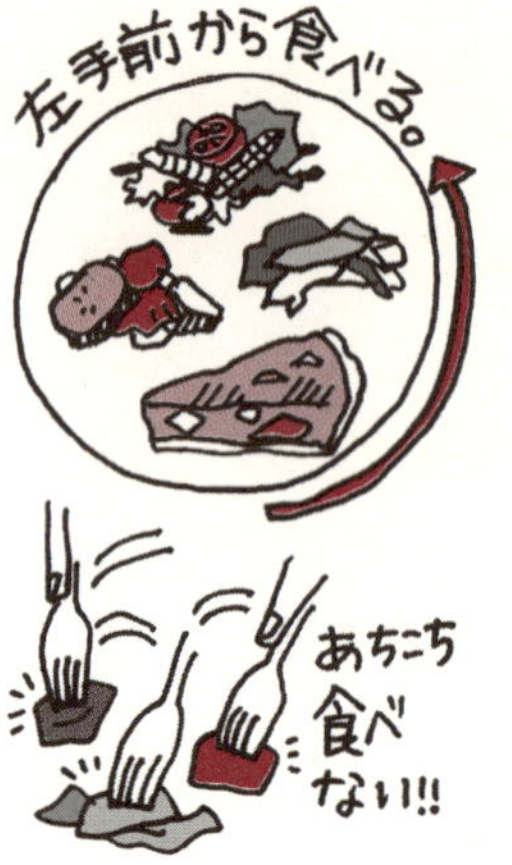

マナー度 ★★★☆☆

西洋料理の平皿にのった料理は、左手前側から食べ進むのが基本のきれいな食べ方。たとえば、左右で違う味の料理が盛りつけられているときでも、あちらこちらにナイフを入れて少しずつ食べるのは品がよくないとされる。ただし、メインディッシュのつけ合わせ（ガルニテュールと呼ばれるもの）は、メイン料理と交互に食べていき、メインと同時に食べ終わるのがスマートだ。

ルール 8

ライスはフォークの腹にのせる

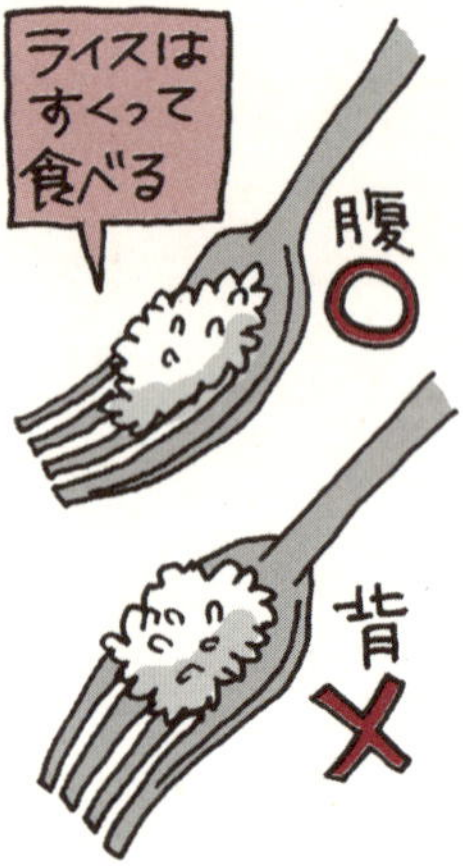

マナー度 ★★★☆☆

メインディッシュと別の平皿にご飯を盛って食べるのは日本独特のスタイル。ナイフとフォークでどうやればきれいに食べられるのか迷う人も多いと思う。左手のフォークの腹側を上に向けて鉛筆持ちし、すくって食べればよい。そのとき、ナイフをそっと添えたほうがご飯をつぶさずにすくえる。無理にフォークの背にのせようとすると、こぼすまいとして「犬食い」になるので避けたい。皿を持ち上げるのも厳禁。

ルール9
ナイフレストは箸置きと同じ

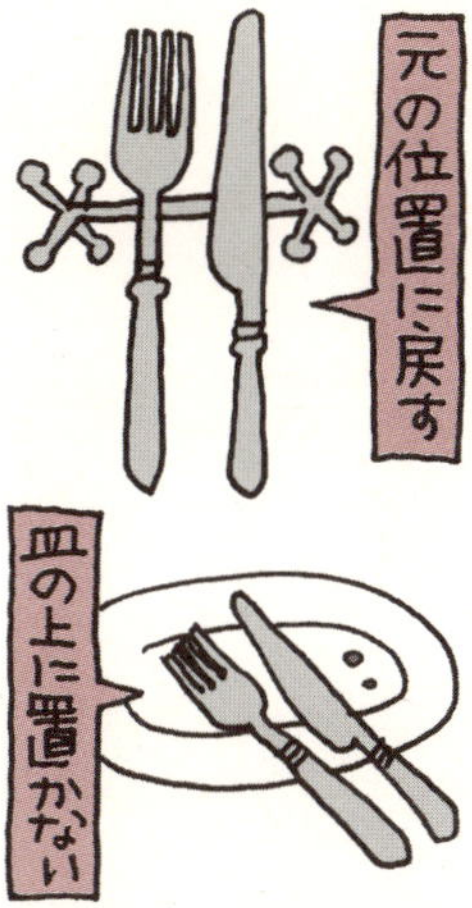
元の位置に戻す
皿の上に置かない

マナー度 ★★★☆☆

ナイフとフォークを置く、カトラリー用の箸置きのようなものを「ナイフレスト」という。料理を食べ終えて次の料理が来るまでの、ナイフの休憩所というわけだ。ナイフレストがテーブルの上にあれば、つまり、デザートの前までの料理は一対のナイフとフォークを使ってください、という店側のサインと心得よう。だから、1皿食べ終えても、皿の上にカトラリーを揃えて置かないこと。

ルール10
八の字は食事続行のサイン

まだ途中です!
2/3は皿の上に
揃えると終了の合図。

マナー度 ★★★★★

グラスを持つときや、ナプキンを使うときなど、ナイフとフォークは八の字にして皿の上に置くのが基本。八の字は、「まだこの料理食べます、途中です」という意思表示だ。カトラリーは食事中ずっとにぎりしめていると疲れるので、適度に皿の上に「八の字」を作って休息するのが食事を楽しむコツ。ナイフとフォークを揃えて並べてしまうと、食事終了の合図になり皿を下げられてしまう恐れもある。

ルール 11
ナイフの刃は常に内向きに

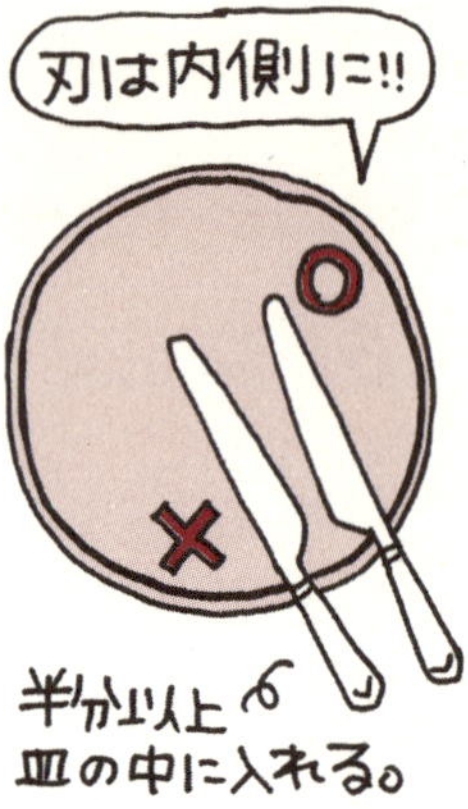

マナー度 ★★★★☆

ナイフを皿の上に置くときには、食事途中でも終わったときでも、刃の向きは常に内側と覚えておこう。つまり、人のほうに向けず、自分に向けるというマナーだ。さらに、皿の上に置くときにはカトラリーの半分以上は常に皿の中に入っているようにすること。柄の部分が長く皿からはみ出していると安定が悪く、転がってソースが服に飛んだり、クロスが汚れたりするアクシデントを招きがちだ。

ルール 12
スプーンの置き場所は自由

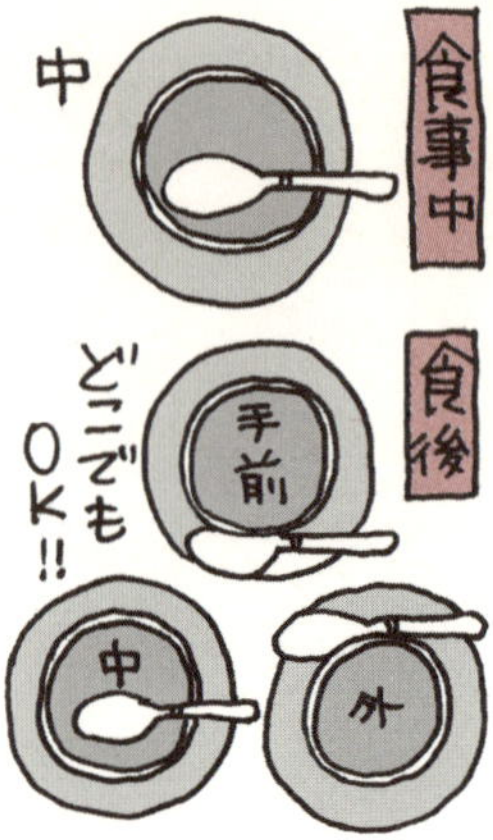

マナー度 ★★☆☆☆

スプーンは、食事中も食べ終わったときも、丸みのあるほうを下にして置くのが基本。スープの場合、終わったら器の中に置くのではなく受け皿の奥に置くのが正式。受け皿に置くと終了の合図になるからだ。だが最近では、あえて皿を汚さずに、食事中と同じように、器の中に入れたままでもかまわない。受け皿に置く場合も、奥では人から汚れたスプーンが見えるから失礼だという考えもあり、手前でも奥でもよい。

ルール13 落としても自分で拾わない

マナー度 ★★★★☆

粗相をしても客はあわてるべからず、が作法だ。「もしも違うカトラリーを使ってしまったら?」「フォークを床に落としてしまったら?」ノープロブレム。きちんとした店なら新しいカトラリーを持ってきてくれる。自分で拾う必要はないので、客は常に堂々としていること。ただし、「ごめんなさい」「ありがとう」と言い添えることは大人の礼儀だ。やってもらって当たり前、という傲慢《ごうまん》な態度だけは避けたい。

ルール14 フィンガーボウルは片手ずつ

マナー度 ★★☆☆☆

カトラリーではないが、西洋料理で手を使って食べる料理に出てくるのが「フィンガーボウル」。におい消しのためにレモンスライスが浮かんでいることもある。間違って飲まないように。油やソースなどで汚れた指先を洗うものだ。両手をいっぺんに入れる人を見かけるが、片手ずつ入れること。小さなボウルだから、両手を入れると水がはねやすく、汚れも落ちにくい。指先だけを入れてそっとこすり合わせ、ナプキンでふく。

グラスの扱い方に慣れれば宴席で一目置かれる

よく使われるグラスの種類
タンブラー
ワイングラス
フルートグラス
シャンパングラス
ジュース、ビール
白
赤
シャンパン

西洋料理のグラスは、入れるドリンクの種類によって形や大きさを変えている。グラスを見ると、「何用」かがわかる仕組みだ。レストランでは店側が飲み物を注いでくれるので、客があれこれと思案する必要も心配もないのだが、基本的な知識は持っていたいもの。

なじみのあるグラスといえば、ワイングラスだろう。脚のついたワイングラスは、白ワイン用よりも赤ワイン用のほうが通常大きい。また、目安として、赤ワイン用のほうが、口がすぼまった形をしている。次によく使われるのは、「フルートグラス」と呼ばれるシャンパン用の細長いグラス。発泡性の白ワインだから、炭酸が早く抜けてしまわないように長い形をしている。また、ジュース、ビールなどは「タンブラー」と呼ばれる脚のないグラスに注がれる。

着席スタイルの結婚披露宴などに多いのが、コースに合わせたグラスがあらかじめ各自のテーブルに置かれているケースだ。通常は、自分の手前側に置かれたグラスを最初に使う。いずれにせよ飲み物が注がれた順に使えばいいから心配はいらない。

ルール 1 グラスの位置は常に右

マナー度 ★★★★☆

案外と知らない人が多いのが、グラスの位置だ。飲み物のグラスは皿の右側にあるべきもの、と決まっている。給仕人は必ず席の右側からサービスするので、飲み物を注いでもらうときにもそのほうが具合がいいからだ。右手に持って飲んだら、また右側に戻すようにする。勝手に位置を左に変えたりしないように気をつけたい。カトラリーの「ジグザグ持ち」がダメなように、グラスのジグザグ持ちもタブーだ。

ルール 2 乾杯では音を立てない

マナー度 ★★★★☆

「乾杯！」と景気よくグラスを合わせて音を出さないといけないと思っている人が多いようだが、実はこれはマナー違反なのだ。グラスは繊細で壊れやすいものだから、正式な場所では音を出すのはタブー。グラスを胸の高さに軽く持ち上げれば充分。このとき、高々と持ち上げる必要もない。それよりも、仏頂面《ぶっちょうづら》で乾杯するほうが失礼だ。笑顔を交わすなど祝いの気持ちを表すようにするのが乾杯のエチケット。

ルール3

ワイングラスは脚を持つ

マナー度★★★★☆

ワイングラスやシャンパングラスを支えている細い脚を「ステム」という。グラスを持つときはこの部分を持って飲むこと。お酒が入っている上部を持つと、適温にしたワインなどが手の温もりでぬるくなったり、皮脂でグラスがくもるなどしがちだ。また、ステムを持ってワイングラスをぐるぐると回すのは、ワインを空気に触れさせて香りの変化を楽しむためだが、これも度が過ぎるとみっともないのでほどほどに。

ルール4

シャンパンは食中酒としてもOK

マナー度★★★☆☆

シャンパンは乾杯専用のドリンクと思っている人もいるが、本来シャンパンは食事中に飲んでいてもかまわない飲み物なのだ。披露宴などではフルートグラスでなく、背の低い丸みのあるグラスに注がれることが多く、表面積が広いために炭酸の抜けが早く、乾杯し終わったらすぐに下げられることがあるので、乾杯専用と誤解されたのだろう。レストランでは、白ワインを楽しむように飲めばOKだ。

ルール5 ワインは客同士で注がない

マナー度★★★★★

和食では、客同士が酒を酌み交わす習慣があるので、ついやりがちだが、西洋料理では、客が酒を注ぐことはしない。客同士ももちろんだが、自分でワインクーラーから取り出して注ぐなんてことは絶対にしないこと。よほどカジュアルな店でない限り、ボトルを扱うのは店のプロにまかせるのがマナーだ。グラスの中の飲み物がなくなったら、店の人に手で合図をして、「ワインをお願いします」と声をかければいい。

ルール6 お酒を断るときはグラスに手をかざす

マナー度★★☆☆☆

お酒があまり強くない人やもうこれ以上はいらない、というときに「飲めません。結構です」と声に出して断るのは、楽しく飲んでいる人に失礼な行為。断りたいときには、グラスの上に軽く手をかざせばそれだけでOKだ。暗黙のサインで場がしらけることもない。ただ、乾杯のときだけは、飲めなくてもグラスを掲げることに参加しよう。「ほんの一口だけ」と断って、少なめに注いでもらってもいい。

食器の扱い方は世界各国で違う

食器の扱い方は、西洋料理と和食ではかなり違う。韓国料理や中国料理でもまた違う。だから、和食で慣れ親しんだ作法をすると、ほかの国では「マナー違反」になったりすることもあるのだ。

大きな違いは何かというと、食器を手に持って食べる和食は世界の中では、ごくごく少数派だという点。西洋料理では決して皿を持ち上げては食べないし、アジア圏の中国や韓国でもお椀ですらテーブルに置いたまま食べるのが正式だ。器に直接口をつけて汁物を飲むのも、日本独特の習慣だ。所変わればマナーも変わると心得て、つい日本の習慣が出ないように気をつけたい。

ただ、共通のルールもある。基本的には、どの国の料理にも定位置というものがあるので、テーブルの上に最初に置かれた場所から動かさないこと。むやみに置く場所を変えるのはよくない。ましてや、ズズ〜ッと食器を引きずって食べやすい手前に持ってくるなんてことは絶対にしないこと。テーブルも傷つくし、どの国でも眉をひそめられてしまう行為だ。

ルール1

和食器は手で持つのが基本

マナー度★★★★★

和食の作法では、左手に器を持ち右手に箸を持って食べるのが基本。手に持てるように軽く、熱が伝わりにくいようにできているのが和食器の特徴だ。汁椀やご飯茶碗はもちろん、天ぷらの天つゆ入れや刺身のしょうゆ小皿など、手に収まる小さな器はすべて手に持って食べてよい。1人用のどんぶりや小さなお重なども持ち上げていい食器だ。ただし、口を食器に直接つけてご飯をかき込む食べ方は絶対にしないこと。

ルール2

持ち上げてはいけない和食器もある

マナー度★★★★☆

和食は食器を持って食べるのが基本とはいえ、中には持ち上げてはいけない食器もある。たとえば、刺身や天ぷらなどの盛り合わせや焼き魚はたいてい平皿で出てくる。これらの食器はテーブルに置いたままで持ち上げないこと。また、煮物などの大きな器、数人盛りの鉢なども持ち上げない。要するに、重いもの、大きなものは置いたままで食べるということ。持ち上げないときでも、左手は器に添えるのがマナーだ。

ルール3

「袖越し」に器を取らない

マナー度★★★★☆

和食器は持ち上げてよい分、気をつけたいのが「袖越し」だ。袖越しとは、右に置いてあるものを左手で取る、左に置いてあるものを右手で取ることをいう。服が汚れることもあるし、料理の上をまたぐことになるので見苦しい。右のものは右手で、左のものは左手で取り、片手を添えるのがルール。遠くのものを取るときにも、自分で手を伸ばさないで、近くの人にお願いして取ってもらえば、袖越しにはならない。

ルール4

両手で器を持つのが丁寧とは限らない

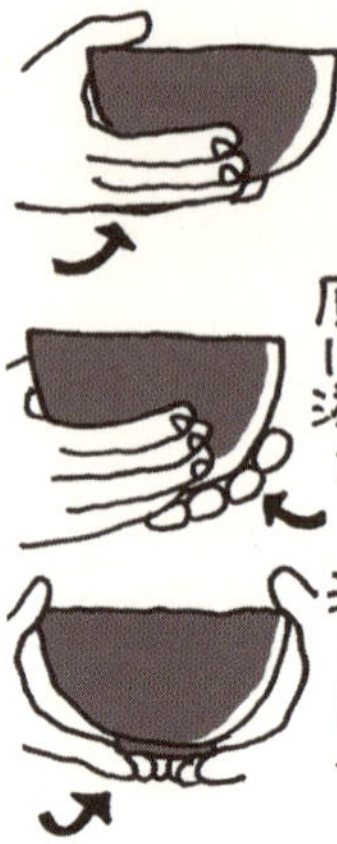

マナー度★★☆☆☆

器をテーブルから取り上げるとき、両手で持ち上げるのが丁寧と思っている人がいる。マナー本にもそう書いてあるケースが多いのだが、実は間違いだ。「袖越し」の項でも書いたように、器はまず片手で取り、次に反対の手を底に添え、そのあと最初の手を添え直すのが正式。抹茶の飲み方をイメージしてもらうとわかりやすい。正面に置かれた器なら、まず右手で取り上げ、左手を底に添えるようにして両手で持とう。

ルール 5
器は引きずらない

マナー度 ★★★★★

大きい器、重い器を引き寄せようとしてつい引きずってしまうことがあるかもしれない。その場合は、取り落とす危険性もあるので、片手で持たずに必ず両手でしっかりと持ち上げること。小さい器や軽い器でも、自分のすぐ手前に器がないときにはズズ～ッと引きずりがち。テーブルやお膳に傷がつくので絶対にしないこと。器を大切に扱わない人はマナーの悪い人とみなされる。

ルール 6
箸を持ったまま器を取り上げない

マナー度 ★★★★☆

箸を持ったまま、片手でご飯茶碗を持ち上げてないだろうか？　箸も器も「三手」で取り上げるのが基本の作法（100～101ページ）だから、器を持つときには、まず箸置きに箸を置いてから器を取り上げるようにしたい。箸は食事中ずっとにぎりしめていなくてもよいのだ。料理が口の中に入っているときは、箸を箸置きに戻しておく。そうすれば、器を取るときに箸を持ったまま、という事態は未然に防げる。

ルール7 洋食器は持ち上げない

マナー度★★★★★

西洋料理では、飲み物以外、すべての料理の皿は持ち上げないものと覚えておこう。加えて、直接口をつけて食べることもしない、というのがルールだ。前菜やメイン料理などの平皿は誰でも持ち上げないだろうが、サラダや温野菜などが別皿の小皿で出てきたときが要注意。ついつい和食の感覚で持ち上げて食べてしまう。例外は、取っ手つきのブイヨンカップのみ。これは持ち上げて口をつけて飲んでもいい。

ルール8 中国でも韓国でも器は持ち上げない

マナー度★★★★☆

日本と同じようにお碗に白いご飯やスープを入れて食べる国でも、作法は異なる。韓国ではご飯の茶碗はテーブルに置いたまま食べるし、スープはスプーンを使う。伝統的な食卓では、ご飯も汁も金属製の器に入れたので、熱くて手で持てないという背景があるのだ。また、中国料理の場合、取り分けた銘々皿を手に持って食べる光景を見かけるが、これもタブーなので気をつけたいマナーの1つだ。

ルール9 中国はスープの器に口をつけて飲まない

中華スープの小鉢は持ち上げない。
そばつゆも口をつけて飲まない!!

マナー度 ★★★★★

吸い物やみそ汁を直接器から飲むのは、実は日本独特の習慣。スープは食べるもの、という認識が基本の外国では、口を器につけることはほぼしない。中国でも、スープの小鉢は持ち上げずに、れんげを使って食べ、飲むのが正式。直接口をつけて飲むと、品がないと思われるので注意したい。最初はれんげを使って食べていても、残りが少なくなってきたらすすって飲む、なんてことのないように。つゆそばも同様。

ルール10 中国料理では取り皿は1品1枚替えで

あれもこれも
料理ごとに皿を替える!

マナー度 ★★☆☆☆

中国料理では、料理別に皿の絵柄や形が違うことはなく、汁物、ご飯物、麺類以外は同種の取り皿を使う。取り皿の替えは自由にできるので、1品ごとに取り替えてよい。洗い物が大変と遠慮することはない。1つの取り皿の上に、違う料理を2つも3つものせないのが中華料理の作法。せっかくの料理の味が混ざってしまうからだ。追加の取り皿を渋るような店はいい店とはいえない。

ルール11

湯のみ茶碗のふたは裏返して置く

ふたを立てて水滴を落とす
飲み終えたら元どおりに!!

マナー度★★★★★

ふたつきの茶碗で出された場合、さて、ふたは裏返したほうがいいのか、裏返さないほうがいいのか迷ったことはないだろうか? 吸い物椀のふたと同様、裏返して茶碗の右側に置くのが正解。右手でふたを取ったら、茶碗の上で立てて、ふたの裏側についた水滴を茶碗の中に落としておくことが大事。こうすれば、テーブルをぬらす心配もない。飲み終わったら、両手でふたを持って元どおりに茶碗にかぶせよう。

ルール12

ふたつき茶碗の中国茶は受け皿ごと持つ

ふたを少しずらし茶葉を押さえながらすき間から飲む

マナー度★★☆☆☆

中国茶はふたつきの茶碗で出される場合もある。茶葉の開き具合で変わりゆく香りを楽しむ中国茶独特の茶器だ。日本茶方式でふたを取って飲むと、茶葉が口の中に入ってしまう。茶碗は熱いので、左手で受け皿ごと持ち、右手でふたを少しずらして茶葉を押さえるようにしながら、すき間から飲む。これが正式な作法だ。飲み終えたらふたを開け、ポットのお湯を注げば4~5煎はおいしく飲める。

ルール13 ポット中国茶にはお代わりのサインがある

ふたをずらすか
ひっくり返すと
「おかわり」の合図

マナー度 ★★☆☆☆

中国茶は、大きな急須のようなポットで出てくることが多い。これはお店の人が注いでくれるわけではなく、自分で注いで飲むのが基本。とはいえ、隣の人の茶碗が空になっていたら、「いかがですか」とすすめてから自分の分を注ぐのがマナーだ。ポットのお茶がなくなったら、ふたをずらすか、ひっくり返してのせておく。わざわざお店の人を呼んで、「お代わりください」と頼まなくてもすむ暗黙のサインだ。

ルール14 コーヒーカップのソーサーは手に持たない

フフフ上品な私♥
ソーサーを
持ち上げるのは
間違いです!!

マナー度 ★★★☆☆

コーヒーのカップを持つときには、ソーサーを左手で持ち上げないようにするのがルール。ただし、テーブルがないときなどに、膝の上にソーサーを置いてカップだけを持ち上げて飲むのは礼儀にかなっている。また、左手をカップの底に当てて飲まない、カップの取っ手を持つときに小指を立てるのもおかしい。デミタスカップなど、取っ手が小さいものは無理に指を入れずに、取っ手をはさんで持てばOK。

ルール15 空のお銚子は倒して置かない

マナー度 ★★★★★

空になったお銚子をわざわざ倒して置いておく人がいるが、これはルール違反。空になったサインのつもりだろうが、お銚子はたいてい丸いので転がりやすく、破損の危険性もある。また、注ぎ口は特に繊細に薄くできている。お銚子同士がぶつかって口が欠けたりしがちだ。空いたお銚子はまとめて、テーブルの隅に立てて置いておくこと。ビールの空き瓶も同様。気を利かせたつもりがポイントダウンだ。

ルール16 枡酒の受け皿のあふれた酒は枡に移して飲む

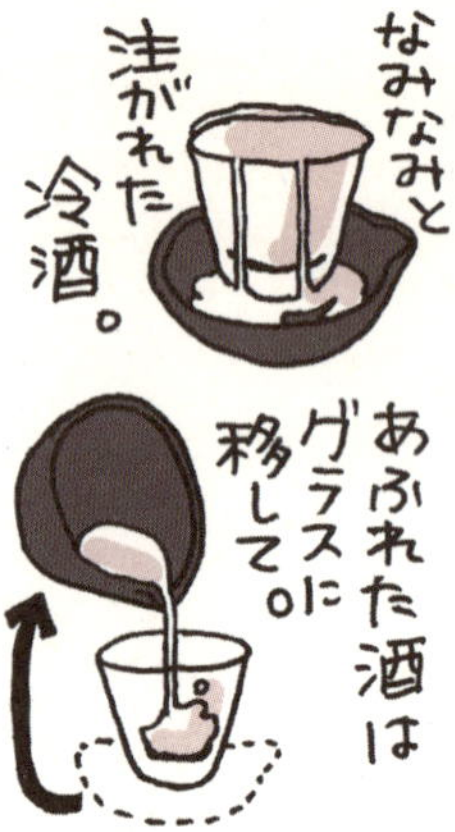

マナー度 ★★☆☆☆

冷酒は、枡《ます》やグラスから少しあふれさせて注がれるのがふつうだ。そのために、受け皿が敷かれている。店側の心意気の表れで粋な配慮なのだが、さて、このあふれた酒はどうやって飲めばよい？　枡やグラスに入っている酒が残り少なくなってきた時点で、枡に移して飲むのが流儀。間違っても皿から直接飲まないように。

また、枡は角に口を当てて飲めば飲みやすい。口紅はふいてから口をつけよう。

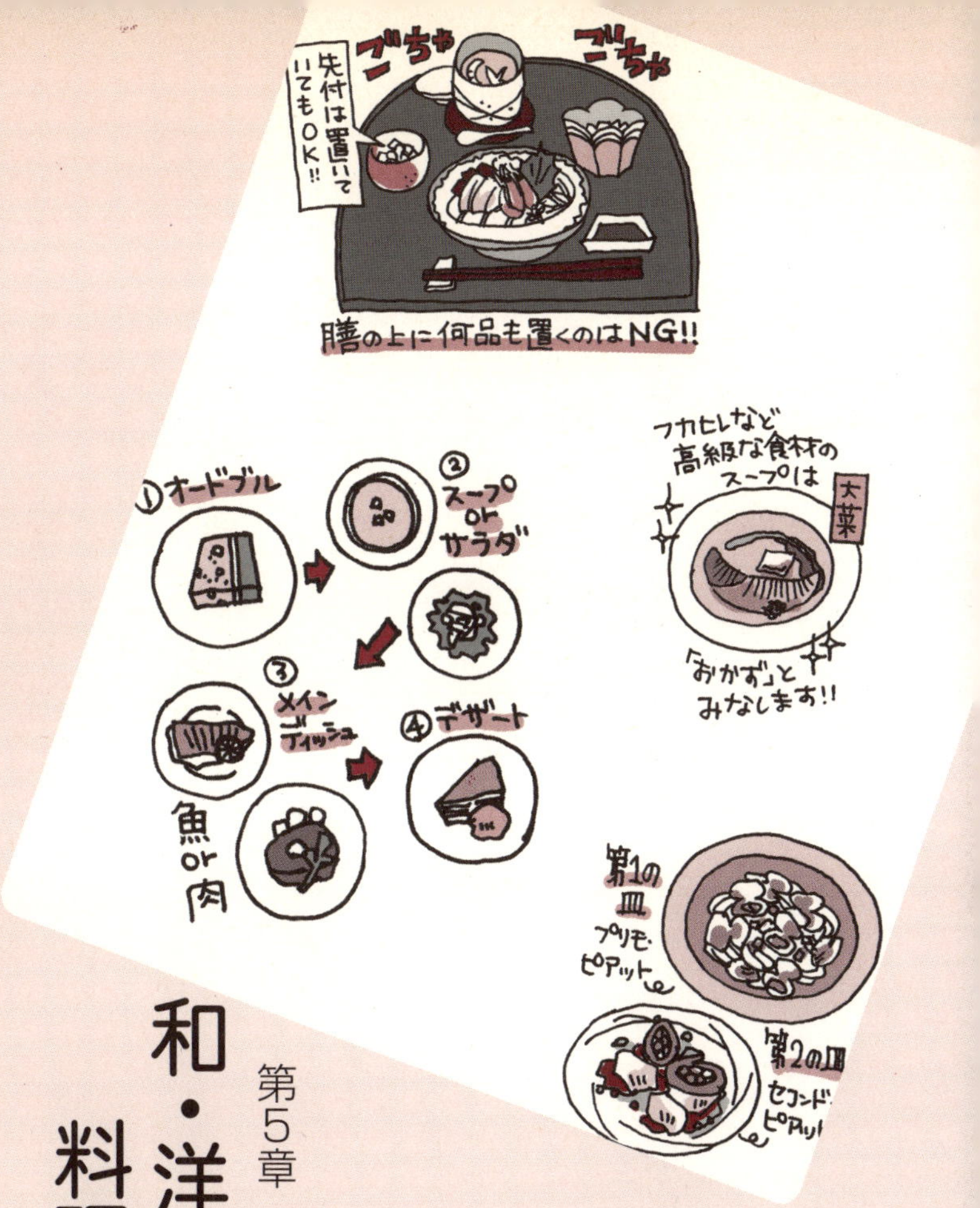

第5章

和・洋・中のコース料理に強くなる㊙常識

和食のコース料理の代表「会席」とは？

日本の正式な儀式の饗応料理でもある本膳料理の流れをくみ、江戸時代後期からお酒を楽しむための料理として、料理茶屋で発達、大衆化したもの。「会席」という名のとおり、大勢の席で食べられる宴席料理を指し、冠婚葬祭のときに出される料理に代表されるような、「和食のコース料理」のことをいう。

同じ読み方の「懐石」は茶会のための料理で、茶の厳格な作法に従うが、「会席」は、自由な発想で、アレンジのきいた料理も多い。したがって、食べ方の作法もあまり堅苦しくはないが、季節感を大切にし、器や盛りつけにも工夫がされているので、五感で楽しみながら食べるのが作法の1つ。

会席料理の献立はどんな流れで出るの？

フルコースでの流れは、左ページのとおり。

吸い物（一汁）、お造り、煮物、焼き物（三菜）の一汁三菜を軸に、揚げ物や蒸し物、酢の物などが加わる。ただし、それらの呼び名は店によって異なり、厳密な形式はない。

会席料理では、先付の前にお酒が出されるのが特徴だが、レストランなどでの気楽な席では、お酒は飲まなくてもよい。

6 揚げ物
天ぷらなど
盛り合わせ
7 蒸し物
茶碗蒸し
など
8 酢の物
あえ物の
こともある
ここは＋αのオプション
1 先付
前菜、お通し、
つき出し、
酒の肴のこと
2 吸い物
すまし仕立て
の汁物のこと
3 お造り
刺身のこと
4 煮物
炊き合わせ
5 焼き物
魚介類や
肉を
焼いたもの
必ず出る基本の「一汁三菜」
9 お食事
ご飯、
止め椀（みそ汁）、
香の物（漬物）
10 菓子
季節の果物は
水菓子という

会席料理の食べ方の作法の基本は？

会席料理は、1品ずつ銘々の器に盛りつけるのが基本。懐石のように鉢に盛られた料理を客同士で取り分けることは、まずない。「食い切り料理」といって、1品ずつ、食べ終わると、次の品が運ばれてくるのが主流だ。

食べるときのマナーとしては、膳の上に何品も置かないこと。おいしいうちに食べ、膳の上に置くのは2品までにとどめるように気をつけたい。ただし、例外もある。先付は、もともと酒の肴としての意味を持つので、食事中にお酒を楽しみたい場合は、先付が残っていても大丈夫。

【先付】平皿に盛られている場合は、食べる順番をそれほど気にする必要はないが、奥に盛りつけられたものから食べないこと。また、あれもこれも中途半端に箸をつけるのは見苦しい。

【吸い物】本膳料理にならい、料理の最初に出されるすまし仕立ての汁物。塩気のある汁物を飲んで、のどを洗う意味もある。

【煮物】煮物は、直接口をつけて煮汁を飲んでもかまわない。そのときは、箸を右手に持ったままのほうがよい。両手を器に添えてグビグビ飲むのは、煮物のときには品がない。

【蒸し物】器は熱いこともあるので、置いたまま食べてもよいが、お膳にこぼすよりは持ち上げたほうが、はるかに行儀がよい。蒸し物は、作るのに時間がかかる料理の1つ。茶碗蒸し以外にも、かぶら蒸し、酒蒸し、信濃蒸しなど、季節の素材を生かしたさまざまなものが作られる。

【お食事】献立には「お食事」と書いてあることが多い。「え、今まで食事をしているのに?」と思うかもしれないが、これは、ご飯と止め椀、香の物のこと。膳の上に3品が一緒に出される。

止め椀は、「留め椀」とも書かれる。食事の最後なので、おなかにたまるよう、みそ仕立ての汁椀が供される。字のとおり、「料理はこれで最後。あとはデザートだけです」という意味がある。

【菓子】「水菓子」や「甘味」と書いてあることもある。もともと日本の甘味といえば、みずみずしい果物だったことから、会席料理の最後には、口をさっぱりさせる意味もあって、旬の生の果物が出され、水菓子と書くのが本来。

ぶどうや柿などの果物の種や皮が出たあと、お茶の茶托の上なんかに絶対のせないこと。元の器にまとめておこう。

お品書きとは？持ち帰っていいの？

会席料理では、メニューのことを「お品書き」と呼ぶ。お品書きは、先附から始まって、出される順番に料理名が書かれているだけでなく、それぞれ、どんな食材が使われているかということまで具体的に記されている。したがって、お品書きを見ながら「次に何が出されるか」を楽しみにしながら食事ができるのだ。

お品書きは店によってもさまざまだが、趣向を凝らしたものも多い。1枚の和紙やカードに書かれ、銘々の席に置かれている場合は、基本的に持ち帰ってOK。

案外やりがち！ご飯の食べ方タブー

ご飯にも食べ始める順番がある。流儀によっても違うが、まずは椀に口をつけよう。箸先をぬらすことで、ご飯粒が箸につきにくくなるのだ。

そして、ご飯、椀、香の物を、交互にまんべんなく食べていく。椀だけ、ご飯だけ食べ続ける「ばっかり食べ」はしないこと。3つの味を少しずつ口の中で調和させながら食べていくのが望ましい。また、ご飯の上に香の物をのせて食べる人は結構多いが、これはマナー違反。ご飯は取り皿ではないから、「香

案外やりがち！お椀のふたの扱いタブー

の物どんぶり」にしないこと。

お椀のふたを開けたら、基本的に右側に置かれたお椀は右側、左側にあるお椀は左側の、膳の外に、ふたの内側を上に向けて置くのが正しい。

会席料理では、裏ぶた同士を重ね合わせることは、絶対してはならない。ただし、懐石料理では、飯椀のふたを受け皿にして、汁椀のふたをかぶせてのせ、膳の右側に置くのが作法だ。

食べ終わったあと、ふたを裏に向けて椀に戻すのもタブー。ふたの塗りが傷ついてしまうので、気をつけること。

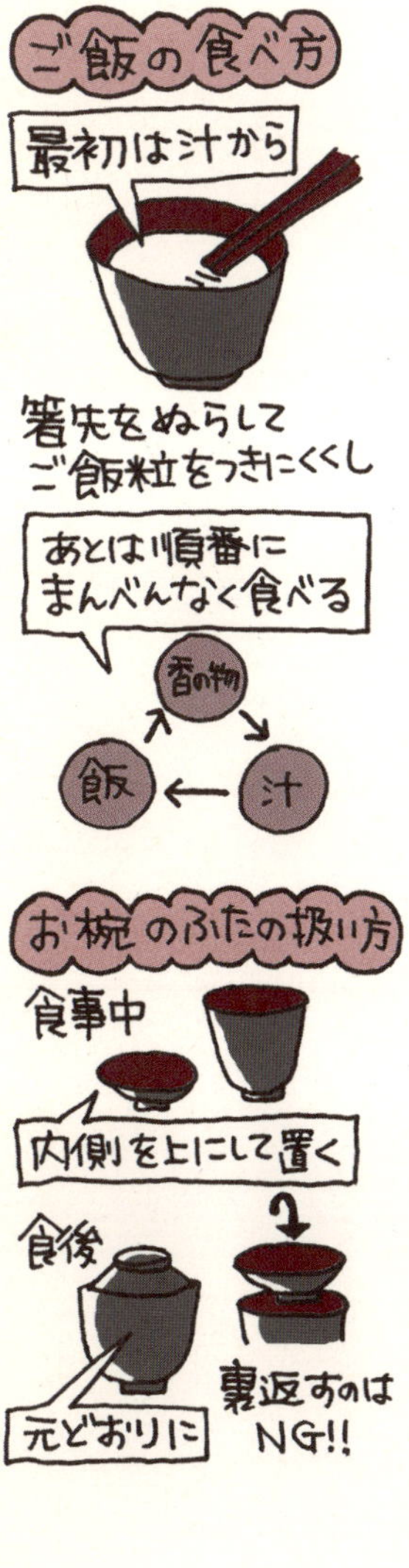
ご飯の食べ方
最初は汁から
箸先をぬらして
ご飯粒をつきにくくし
あとは順番に
まんべんなく食べる
香の物
汁
飯
お椀のふたの扱い方
食事中
内側を上にして置く
食後
元どおりに
裏返すのは
NG!!

懐石料理、これだけは知っておきたい基本知識

お茶席で出す軽い食事のことで、茶懐石ともいう。中国から伝わった茶の湯の風習は千利休《せんのりきゅう》によって完成されたが、それにともない、懐石が創作された。これは、そもそも、空腹で濃茶《こいちゃ》（お薄に対して抹茶の量が多いお茶）を飲んで、客の胃を荒らすことを避けるために、軽いおしのぎとして作られたともいわれている。また、「懐石」という名は、冬でも薄着で厳しい修行をする禅僧が、懐《ふところ》に温めた石を入れて寒さと飢えをしのいだことに由来している。それゆえ、懐石では、華美に走ることなく、過食をせずに感謝しながら食べる気持ちが作法の随所に表れている。懐石の献立の流れは左ページのとおり。

会席料理とどこが違うの？

大ざっぱにいえば、「会席料理」はお酒を楽しむための料理、「懐石料理」は濃茶を飲む前の料理で、目的が違う。懐石は量も少ないし、見た目も華やかではない。会席にはあまり細かい決まりがないのに比べ、茶道の流派によって細かく決まりが違うのも懐石の特徴。しかし、素材の持ち味を生かし、山・海・里のバランスを考えた献立で、季節感を大事にするのは共通している。

必ず出る基本の「一汁三菜」

1 飯椀・汁椀・（初献）・向付

少量のご飯とみそ汁、刺身

2 煮物椀

汁張りの煮物

3 焼き物鉢

魚介類の焼き物

ここは＋αのオプション

4 預け鉢・強肴

炊き合わせやあえ物など

5 小吸い物椀

あっさりした吸い物

6 八寸

酒の肴２種

7 湯桶・香の物

ご飯を湯漬けにする

懐石完了

8 主菓子

生菓子

9 抹茶

濃茶

懐石の献立と食事作法のポイント

献立は一汁三菜を基本にする。そのほかに、預け鉢や強肴《しいざかな》、小《こ》吸い物、八寸《はっすん》などがつく。

【飯椀・汁椀】最初に出るご飯は一文字に盛られて量が少なく、炊きたてでやわらかい。汁はみそ仕立て。ご飯と汁は一杯だけで終わらずにお替りをするのが作法。

【向付《むこうづけ》】酒の肴の意味もあるので、亭主が酒をすすめてから（初献）、食べ始めるのが正しい。刺身に見えるが、味がついているのでしょうゆをかけることはしない。

【煮物椀】熱い汁が張ってあり、メインディッシュ的存在。

【焼き物鉢】これは大皿や鉢で出されるので、自分の分だけ向付の器に取って、次の人に回す。

【預け鉢・強肴】ここからは、亭主の気持ちを表すものとして出される料理で、あえ物や炊き合わせなど数に決まりはない。

【小吸い物椀】箸洗いとも呼ばれる。口の中をさわやかにする、薄味のお吸い物で、少量。

【八寸】海のものと山のものが取り合わされ、山手前、海奥に盛るのが決まり。3種盛りのこともあり、酒を酌み交わす。

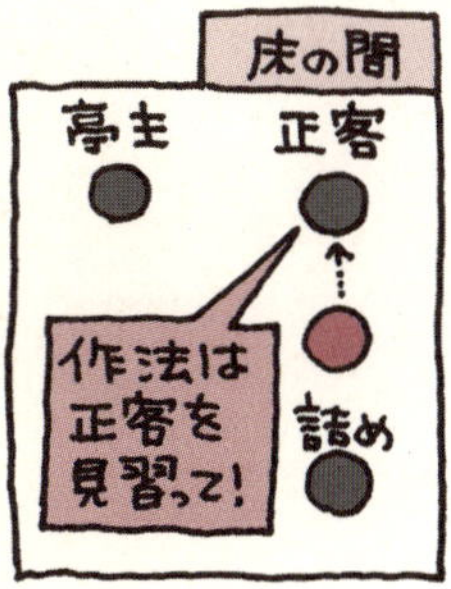

【湯桶《ゆとう》・香の物】お湯はこげ飯を入れた塩けのある湯。これを残ったご飯にかけて、きれいに食べきる。空になっている汁椀にもお湯を注いで、それぞれのお椀をきれいにして終了だ。

懐石は、客同士が取り回して食べる場面が多い。最初の飯・汁・向付・煮物椀までは各人銘々に出されるが、そこからあとは、取り分けていく。ご飯もおひつから、客が自分たちで取る。亭主（茶席の主催者）の心や食材、器すべてを大切にするのが、まずは基本的な心構えだといえるだろう。だから、料理をえり好みしたり、残したりしないのが最低限のルール。取り回す器には、人数分が考えられて盛りつけられているので、分量を按配《あんばい》しながら取っていくこと。また、食べる速さも周りの人と合わせることが大事だ。

たとえ正式な茶懐石の席でも難しく考える必要はない。たいていの場合、上座には正客《しょうきゃく》と呼ばれる人が座っている。この人を見習ってふるまい、食べていけば間違いはない。茶席に不慣れな人を正客やお詰め（末席）に据えることはまずないので、安心して食事を楽しもう。

向付の器が取り皿になる

懐石では、1品ずつ取り皿を出すことはしない。皆で取り分けて食べる焼き物や八寸など、料理をどこへ置いたらいいのか迷うが、これらが出てくる前までに向付の器が空になっているはずなので、ここにのせて食べるのが作法だ。これは、食器の洗い物を増やさない精神にもつながっている。だから、次の料理が出てくるまでには前の料理を食べ終えておくのが基本。いつまでも皿の上に残っているのはさけること。

食器は置いたまま食べない

懐石では、畳の上に膳を置いて食べるので、膳と口までの距離が遠い。お椀や向付などの器は手に持って食べるのがマナー。また、取り回す鉢や大皿などは、両手で持って、いったん自分の膳の前の畳の上に置いてから取り箸で取る。こぼさないように気をつけよう。

お酒は飲まないの？

懐石では、抹茶だけでお酒は飲まないもの、と思っている人がいるが、そんなことはない。お酒も作法とともに楽しむのだが、「酔って食事が食べられない」という事態だけは絶対にダメ。懐石では食事を残すことはいちばんのマナー違反だ。

和服が基本だが、洋服なら長めのスカートで

正式な懐石では、畳の上に膳を置いて和服で正座をして食べる。だが、今は洋服でも受け入れられるところも多い。テーブルがないので、正面からも横からも膝が丸見えになることを考慮して、短いスカートだけは避けたい。膝が隠れる丈で、タイトスカートよりフレアースカートがおすすめだ。正座に慣れていなくて万が一、足がしびれてもカバーできる。

また、もともと華美な食事をしないのが懐石の心得だから、アクセサリーも控えめにすること。長い髪の毛を払いながらの食事も見苦しいので、ピンで留めたり、まとめておく気遣いがほしい。

懐紙持参は必須

食後は、空になった器を懐紙《かいし》でふいて、きちんと片づけるのが懐石の作法。お茶席では、なくてはならない懐紙だが、現代の日常生活ではなじみのない人も多いと思う。茶道具店や大きな文具店などで買えるので、懐石に臨むときには持参したい。

フランス料理の基本的なコースの流れ

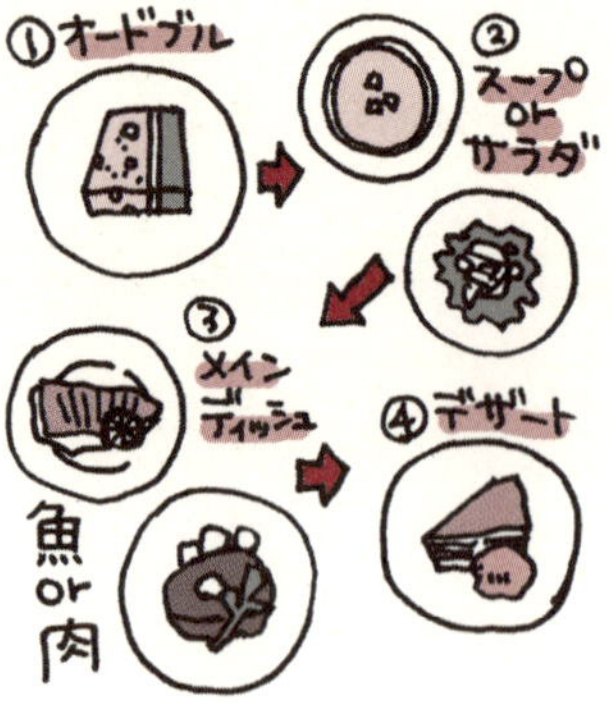

テーブルマナーといえば、フランス料理を思い浮かべる人が多いかもしれない。しかし、フランスでも昔からあったわけではなく、他の国からの影響を受けて、宮廷貴族から一般大衆へと広がり、紆《う》余《よ》曲折《きょくせつ》を経て今のテーブルマナーが確立されていったのだ。中世以前には、手づかみで食べる時代もあった。今ではフランス料理は、プロトコール（西洋料理）の定番として、イタリアなどほかの西洋料理の国のテーブルマナーとも共通する点が多いので、ぜひ覚えておきたい。

　貴族社会のころのヨーロッパではコース料理といえば16品出るのも珍しくなかった。でも、ヘルシー志向もあって、現代ではコース料理もかなり簡略化されている。品数も店によってさまざまだから、「フルコース」といっても、何品出ると規定できないのが現実だ。かなりフォーマル度の高いコースとして左ページに流れを示しておいた。

　また、略式コースもいろいろで、オードブル、スープまたはサラダ、メインディッシュに魚または肉料理を選び、デザートという4品コースもあれば、スープを省いた3品コースもある。

1 オードブル
前菜のこと
2 スープ・パン
3 ポワソン
魚料理のこと。
メインの1つ
4 ソルベ
口直しの
シャーベット
5 アントレ
肉料理のこと。
メイン
ここがメインコース
6 サラードゥ
肉料理と
一緒に
出ることも
7 フロマージュ
チーズのこと
8 アントルメ
ケーキなどの
甘い
デザート
9 フリュイ
果物
10 カフェ・
プティフール
コーヒーと
手でつまめる
小菓子
ここがデザート

フランス料理のコース、食べ方の基本作法

結婚披露宴などでは、前ページのように11品くらい出るフルコースのこともあるが、もっとも一般的なのが6～7品のコース。これさえ知っていれば、という作法を挙げてみよう。

【オードブル】前菜のこと。食欲をそそるために、色めもきれいで塩けのあるものが多い。並んだカトラリーのいちばん外側のナイフとフォークを使う。カナッペは手で食べてもよい。

【スープ】ここからがメインコースの始まりといわれる。ポタポタとスプーンからたらさないように食べる。スプーンの先のほうを口に向けて食べると食べやすい。

【パン】スープが出てきてから食べ始めるのが正式。最近では、前菜のときから配ることも多いので、食べ始めてもかまわない。ただ、メインが出てくる前にあまり食べすぎないこと。

【ポワソン】魚料理のこと。貝類やかに、えびなどの甲殻類も出ることがある。

【アントレ】肉料理のこと。フランス料理ではメインディッシュは通常肉料理とされているが、最近では「メインは肉か魚をお選びください」というレストランも多い。また、肉料理とい

っても、牛肉や豚、鶏だけでなく、季節によっては鴨・鹿・雉《きじ》などの家畜ではない野生の動物「ジビエ」を選ぶこともできる。

【サラードゥ】肉料理とともに出されることも多いが、本来は、肉料理のあと、消化を助けるために食べるもの。

【デセール】ヨーロッパの料理はデザートを食べるための前奏曲といわれるほど、デザートをたっぷり食べるのが常識。日本では、数種類をちょこちょこ盛り合わせて食べるのが好まれるが、フランス料理のデザートは、「フロマージュ」甘いスイーツの「アントルメ」「フリュイ」「プティフール」そしてコーヒー、とデザートもフルコースで楽しむ。ババロア、プディング、アイスクリーム、ケーキ類などのアントルメを出す前には、ワインもパンも下げられて「さあ、第2幕の始まり！」と気持ちも新たに始めるのだ。カトラリーも新たに持ってこられる。

【カフェ】デザートの最後を締めくくるのは、濃いめのデミタスコーヒーとプティフールと呼ばれる小菓子。フランス料理は油脂が多いのでコーヒーが好相性。紅茶を置かない店もある。

メニューにはない「アミューズ」って何のこと？

オードブルの前にちょっとしたおつまみが出されることがある。「えっ、頼んでないけど」と心配しなくてもいい。コース料理のメニューに書いてなくても、出てくることがある。この「アミューズ」は、もともとは食前酒に合わせたおつまみで、前菜が出てくるまでの間、これを食べておくつろぎください、という意味なのだ。小さな一口パイや、うにのグラスカクテル、キャビアなどほんの一口で食べられるサイズのものがほとんど。

最近よく聞く「プリフィクス」スタイルって何？

コース料金は決まっていて、お客が料理を選択できるスタイルの定食のことをいう。おしきせの料理では嫌、自分でいろいろ組み合わせてコースを作りたいけど、アラカルトでは量が多すぎる、というお客のニーズに対応して、このスタイルの店が増えている。前菜からデザートまですべてを選択できる店もあれば、メインだけが選べるなどいろいろだ。

料理によってはプラス料金のものもあるが、それはメニューに明記されているので心配しなくてよい。懐具合や、胃袋と相談しながら選べるのが人気の秘密。

「ソルベ」と「グラニテ」はどう違うの？

西洋料理には聞きなれない料理名がしばしば登場するもの。魚料理と肉料理の間に出てくる口直しのための「ソルベ」もその1つだろう。シャーベットによく似た言葉だからだいたい想像はつくが、この場合のソルベは、氷菓だがデザートではなく、ワインやシャンパンベースのシャーベットだ。対して、「グラニテ」は果汁や低糖のシロップを凍らせたもの。正式なフルコースでは、肉料理は「アントレ」と「ロティ」の2種類出た。この2品の合間に、口中をさっぱりさせる口直しとして出されたのが、ソルベやグラニテなのだ。

アラカルトの注文で気をつけることとは？

「アラカルト」とは一品料理のこと。とはいえ、フレンチレストランで、おなかがすいていないから前菜1品だけで終わり、という注文は失礼になる。少なくともメインディッシュ1品に前菜かスープのどちらかを選んで2品とし、プラス食後のコーヒーを頼むのがマナーだ。

また、アラカルトで選ぶときは、メイン料理と前菜の食材や調理法が重ならないようにするのが成功のポイント。

イタリア料理の特徴と正式なコースの流れは？

すっかり日本でも人気が定着したイタリア料理は、カジュアルに食べられる気楽さも魅力になっている。もともと気候が温暖で食材にも恵まれているイタリアでは、とにかく食事の時間を大切にする。会話を弾ませながら楽しく食事をするのが正しい食べ方の最重要項目とすらいえる。しかし、イタリア料理はフランス料理の基礎となった伝統ある料理。コース料理を主体にする店ではきちんとしたテーブルマナーが要求されることを忘れないでおきたい。

正式なコースの流れは左ページに示したが、フランス料理とだいたい同じで、前菜「アンティパスト」で始まり、パスタやスープの「プリモ・ピアット」、メインディッシュの「セコンド・ピアット」と続き、野菜料理「ヴェルドゥーラ」で完了。そのあと、デザートにあたる、チーズ「フォルマッジョ」、甘い「ドルチェ」、エスプレッソで締めくくる。

カジュアルな店なら、「パスタ1品だけ」もアリ。しかし、イタリア本国でも、フォーマルなタイプの店では、セコンド・ピアットを含めて2品プラスコーヒーを頼むのが無難。

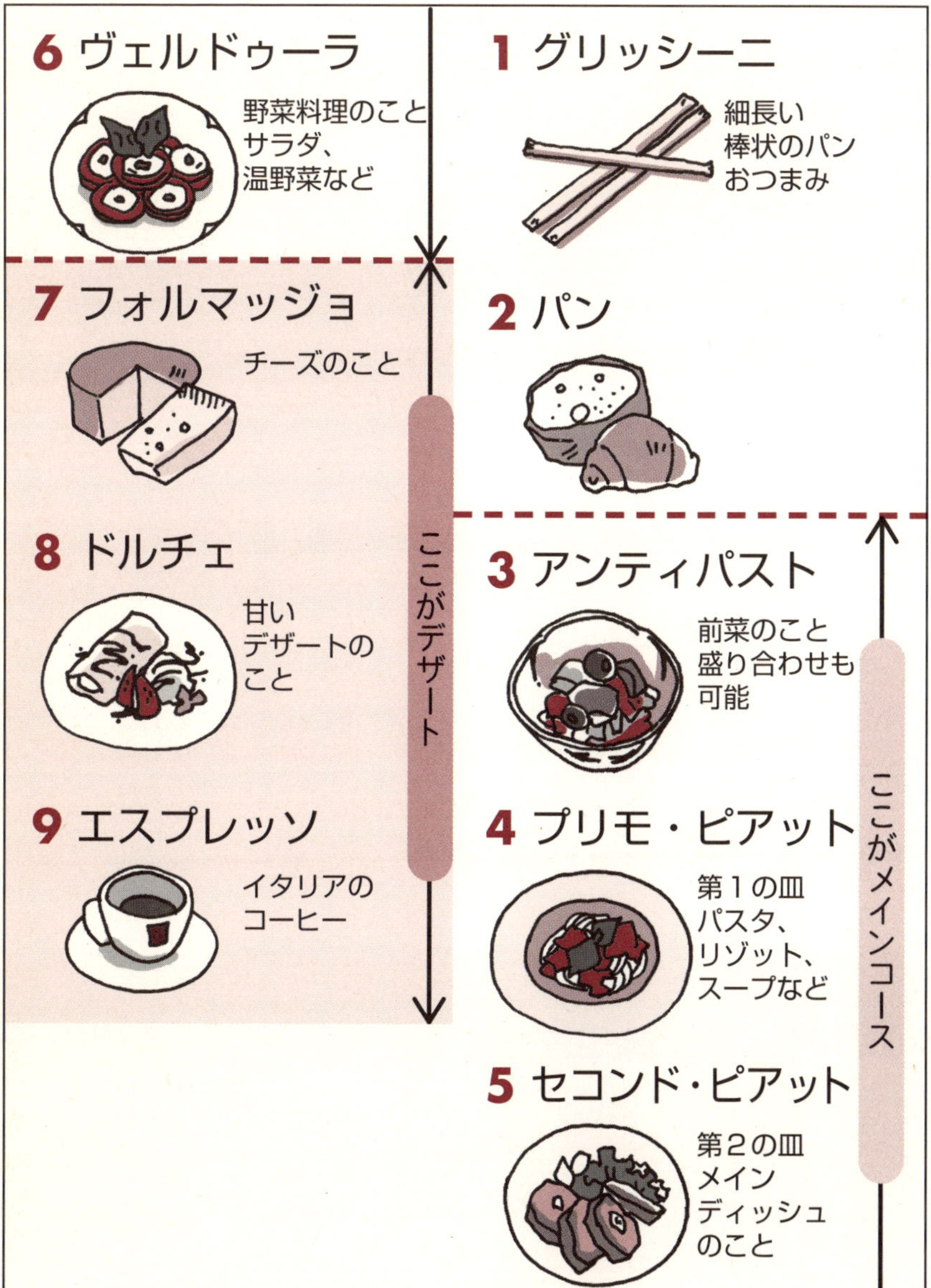
1 グリッシーニ
細長い
棒状のパン
おつまみ
2 パン
3 アンティパスト
前菜のこと
盛り合わせも
可能
4 プリモ・ピアット
第1の皿
パスタ、
リゾット、
スープなど
5 セコンド・ピアット
第2の皿
メイン
ディッシュ
のこと
ここがメインコース
6 ヴェルドゥーラ
野菜料理のこと
サラダ、
温野菜など
7 フォルマッジョ
チーズのこと
8 ドルチェ
甘い
デザートの
こと
9 エスプレッソ
イタリアの
コーヒー
ここがデザート

イタリア料理のパンの食べ方

イタリア料理のリゾットはお米だが、主食ではない。あくまでもイタリア人の主食はパン。バターで食べるときもあるが、たいていのイタリア料理店では、バターの代わりにエクストラヴァージンオリーブオイルが出てくる。皿にオイルを適量取って、パンにつけて食べよう。また、バルサミコ酢が出される場合もある。

パンの種類も豊富だ。表面に小麦粉をふったような状態のパンも多いが、パタパタ粉を払って食べないこと。粉を飛び散らさないように割って食べよう。皿からあまり持ち上げないようにして割るのがポイントだ。テーブルについたらすぐに出てくるおつまみの「グリッシーニ」という棒のようなパンは、長いままポリポリとかじらないこと。適当な長さに手で折って食べるのが品のいい食べ方だ。

ボリュームを充分考慮してオーダーする

何しろ前菜から量感たっぷりなのがイタリア料理の特徴。ワゴンサービスのアンティパストは、目移りしてあれもこれもと注文しがちだが、次のパスタやメインのことも考慮して選ぶこと。プリモ・ピアットのパスタは、日本では一品料理の意識が強いが、イタリア料理のコースの中ではスープの位置づけになる。本場イタリアでは、これだけでおなかいっぱい、これがメインでは？　というほどの量だ。だが、コースは始まったばかり。メインディッシュもデザートも控えている。くれぐれも最初から食べ過ぎないように！　ドルチェも1品では終わらない。ティラミスもパンナコッタもジェラートも相当量のボリュームと心得ておいて間違いない。

コーヒーは、エスプレッソをデミタスカップで飲むのが通常。お代わりしてもいいし、「ダブルで」と倍量を頼んでもよい。

つけ合わせの野菜は別皿で出される

フランス料理では、メインディッシュのつけ合わせの野菜は同じ皿に盛りつけられることが多いが、イタリア料理では別皿で出てくることがほとんど。野菜料理という意味の「ヴェルドゥーラ」やつけ合わせという意味の「コントルノ」と呼ばれる。セコンド・ピアットのあと、もしくは一緒に出されるが、温野菜のソテーなどが一般的。もちろん、サラダのこともある。

中国料理には大別して四大料理がある

長い年月をかけて培われてきた中国料理は、日本でもすっかりおなじみ。加熱中心の料理が多く、体を冷やすことも少ないので、高齢になっても案外おいしく食べられる。老若男女を問わずに同じ食卓を囲めるのも魅力の1つだ。にぎやかにワイワイと大勢で取り分けて食べれば、日頃のコミュニケーション不足も解消できるというものだ。会話もなく、しんみり食べるのが最もよくない。

さて、ひとまとめにして「中華」というけれど、中国の国土は広大で、気候もさまざま。人口も多いから、地域によって料理の個性は違う。日本で知られているのは、中国の四大料理といわれる北京《ペキン》、上海《シャンハイ》、四川《しせん》、広東《カントン》の料理だ。日本でも地方別の専門店が増えてきているので、4つの地方ごとの料理の特徴を知っておくと予約するときにも便利だ。

北京料理とは？

長期にわたって中国の首都だったため美しい宮廷料理もあり、山東省の地方料理もあわさっている。寒い地方のため、体を温める鍋物も多種あり、羊肉のしゃぶしゃぶや、北京ダックなど肉類を使った料理も豊富。小麦粉を使った水餃子なども有名。

上海料理とは？

新鮮な魚介類がとれる港のある場所で有名。素材の味を生かした淡白な味つけもあるが、どちらかといえば、しょうゆと砂糖を使った濃厚な味つけが多い。上海がに、豚の角煮が有名。小籠包《ショウロンポウ》も上海料理が発祥。

四川料理とは？

花椒《ホワジョウ》という中国の山椒や唐辛子などの香辛料をふんだんに使うのは、冬の寒さが厳しい土地柄に対応して、発汗を促すためでもある。岩塩を使ったザーサイは四川の名物漬物の1つ。ピリ辛の麻婆豆腐や担々《タンタン》麺は日本でも定番だ。

広東料理とは？

海の幸、山の幸に恵まれた土地柄で、癖のない味つけ。フカヒレやツバメの巣などの高級食材を使うことでも有名で、珍しい食材も豊富。日本の人気惣菜の酢豚も広東料理の代表の1つ。また、日本でも専門店が増えてきた「飲茶《ヤムチャ》」は、広州で生まれ、香港で発展した広東料理だ。

一般的な中国料理のコースの流れ

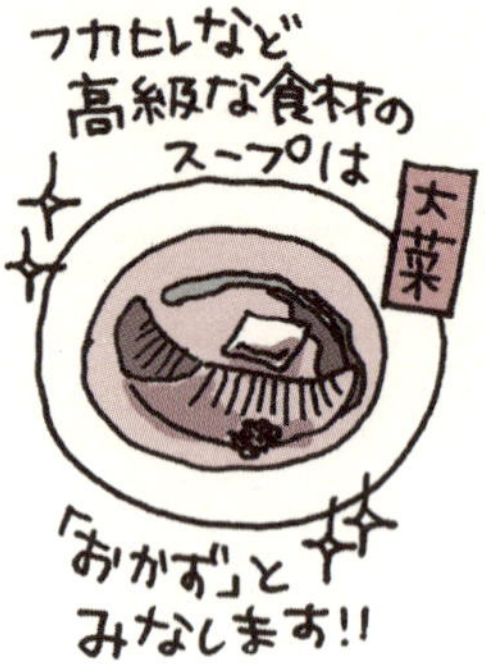

中国料理の呼び名には独特のものがある。一般的なフルコースの流れを順に追ってみよう。

【前菜】オードブルのこと。くらげや棒々鶏《バンバンジー》などの冷製が有名だが、温かい前菜もある。数種が盛り合わせになっているときは、一度に全部の種類を自分の取り皿に適量ずつのせてよい。

【大菜《タイサイ》】いわゆるおかずのことで、メインディッシュ。頭菜、主菜とも書く。コース料理では、肉類、野菜、魚介、豆腐など食材も調理法もバランスよく4〜5品出される。

【湯菜《タンサイ》】スープのこと。中国料理では、西洋料理と違い、おかずの最後にご飯と一緒に出るのが正式。「えっ、フカヒレスープはもっと前に出るのでは?」という疑問はごもっとも。実は、フカヒレスープやツバメの巣入りスープなどの高級食材のスープは、おかずの1品とみなされるので、大菜の時点で出るのだ。

【点心《テンシン》】麺類や炒飯などのご飯物、蒸し餃子や饅頭《マントウ》などの主食が出た後、甘い点心のデザートが出される。デザートは、マンゴープリンや杏仁《あんにん》豆腐などの冷たいものと、桃まんじゅうなどの温かいものとがある。

杏仁豆腐などぷるるんとしたデザートはれんげを使って食べる。そのとき気をつけたいのは、汁をすする音を立てないこと。桃まんじゅうは、かじらないで手で一口大に割って食べよう。

【水果《スイカ》・中国茶】水果とは、フルーツの砂糖漬け。お茶と一緒に楽しむ。中国ではお茶の種類も豊富で、ゆったりとした気分で食後にもたくさん飲む習慣がある。日本でも最近人気の中国茶だが、お茶には食事の油脂分を分解し、消化を促す効果やリラックス効果もある。

1 前菜

オードブルのこと

2 大菜

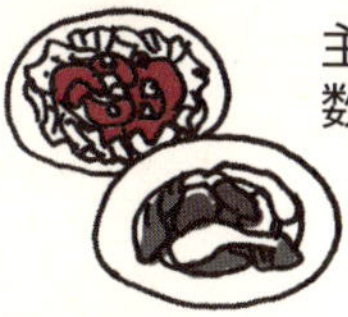

主菜のこと
数品出る

3 湯菜

スープのこと

4 点心

主食と
デザート

5 水果・中国茶

果物の
砂糖漬けのこと

中国料理の取り分けのマナー

最近は小人数に対応して、あらかじめ銘々に盛りつけられたコース料理を提供する店も出てきたが、やはり主流は大皿から取り分けるスタイル。取り分けならではのルールがいくつかあるので心得ておきたい。

まず第1に、人数分を考えて、最初はたくさん取りすぎないようにすること。全員が取り終えてまだ大皿に残っていたら、取ってもよい。また、取ったものは全部食べるのがエチケット。食べられないもの、食べきれない量は最初から取らないこと。

また、目の前に新しい料理が来ているのに、おしゃべりに夢中で、そのまま大皿が放置されていることがある。自分が取らないと、次の人が取れないのがターンテーブルの宿命。もしもパスしたい料理なら、左の人が取りやすい位置まで回すのが礼儀だ。

ターンテーブルは右に回す？左に回す？

ターンテーブルは右回り（時計回り）に回すのが基本。つまり、料理を取ったら、左側の人に皿を送っていく。

最初に料理を取るのは主賓から。これは問題なくふつうやっていること。しかし、2番目に誰が取るかを譲り合って大皿がテーブルの上を右往左往するのは大変みっともない。主賓客のあとは、自然に右回りに取っていくのがスマートなやり方だ。ただし、料理が一巡した後、大皿にまだ残っているときに料理を取りたければ、自分から近い方向に（右でも左でも）回してよい。この場合、一声かけてから、が好ましい。

料理を取り分けたあとのサーバースプーンは、大皿から長くはみ出さないようにして戻しておこう。はみ出していると、ターンテーブルを回したときに、ビールや酒の瓶などにぶつかって倒す恐れがある。もちろん、サーバーの持ち手は皿の中に入れないように。料理がくっついて次の人が困ることになる。

紹興酒に砂糖は入れない

紹興酒は中国の代表的なお酒で、中国料理を食べるときにもおなじみだ。日本では角砂糖やライム、レモンなどが別添えされて出てくることが多いが、本場中国では砂糖は入れない。もちろん、好みの問題だから、入れて飲んでもいいのだが、サービスされなくても不思議ではないので不満に思わないこと。

食べ終わった皿をターンテーブルに置かない

意外にしがちなのが、食べ終わった器をターンテーブルの上に置くこと。お店の人に下げてもらうために置くのだろうが、ターンテーブルがグルグル回っていつまでも台の上に自分の皿があるのは他の客にも失礼。食べ終えた皿は自分の席の奥側に置くようにする。中国料理では次々に取り皿を替えるので、無意識にやらないようにしたい。

第6章

とっさのときに役立つ外食マナーの正常識

玄関の上がり方

後ろ向きに靴を脱ぎながら上がるのはNG

和食のお店などでは、玄関で靴を脱いで上がることもある。そんなとき、靴を脱ぎっぱなしにするのは恥ずかしい。中央を少し避けた場所から上がり、向き直ってからひざまずき、靴の向きを直すのが正しい作法だ。ときどき、後ろ向きに上がる人を見かけるが、これは出迎えた人にお尻を向けることになるので失礼にあたる。

後ろ向きに上がれば、靴の向きを直す手間は省けるが、和の作法では、簡略化しないことが基本だ。また、中腰や立ったままで動作をしないことも大事。必ず膝を折り、お尻を少し横向きにしてから靴の向きを直そう。料亭など靴を預かる係の人がいる場合はまかせよう。

座敷に上がることが予想される場合は、靴を脱ぐのに手間取る紐靴やブーツなどをはいていくのは避けることが賢明だ。

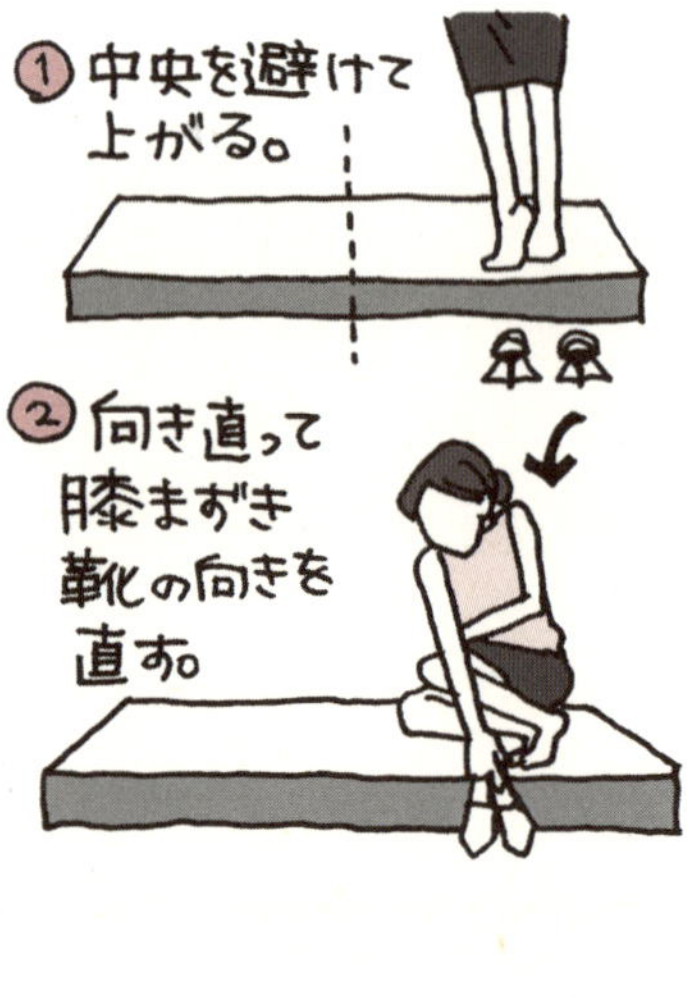
① 中央を避けて
上がる。
② 向き直って
膝まずき
靴の向きを
直す。

座布団の座り方

座布団の上に立ってから座らない。椅子と同じで、すすめられてから座る

椅子に座る生活しか経験のない人が増えている現在、和室に通されて座布団の座り方に戸惑うことも多いもの。ここで、しっかりと覚えておこう。

いちばんのタブーは立ったまま座布団を踏むこと。また、招待を受けたときなど「今日はお招きいただきありがとうございます」と挨拶するのは、座布団に座る前に畳に正座してから行うこと。この2点を守ればＯＫだ。

まず、和室に通されたら下座に正座する。座布団に座るのは、すすめられてから。座布団の位置まで膝で進み、座布団を膝の下に引き寄せる。両手を握って座布団につき、親指に体重をのせて膝を前に滑らせ、座布団の中央に素早く進むようにする。

座布団の上では常に正座をするが、足の親指を重ねておくと、しびれがきれるのを防ぎやすいが、これも慣れが必要。ときどき脚を動かしやすいようにフレアースカートをはいておくのが得策だ。男性はあぐらをかくのが正式。だが、近年は、正座を望む相手も多いのでＴＰＯで。

和室でのマナー

踏んではいけないもの3つ。座布団、敷居、畳のへり

家に和室がないと、思いがけないところに夕ブーがあることに気づかないことも多いもの。マナーとして知っておくとあなたの株はぐんと上がるから、ぜひ覚えておこう。

まず、踏んではいけないものが3つある。1つ目は先にあげた座布団。あとの2つは、ふすまや障子の開け閉めをするレールにあたる「敷居」と「畳のへり」だ。畳のへりとは、1畳ごとにふちをくるんでいる別布のこと。日本では、物と物との境界線をとても大事にする習慣があるので、この作法が生まれた。寺社などで、門の下の敷居をまたいで渡るのもこれと同じこと。

また、踏むことと同じようにいけないのが、畳のへりの上に座ること。挨拶をするときなどに、無意識にやってしまいがちだから、気をつけよう。

靴のにおい、サンダルの素足は訪問先に失礼

料亭や割烹《かっぽう》、また、お宅を訪問するなど、靴を脱ぐことが予想される場合にはちょっとした注意が必要だ。できれば、あまりくたびれた靴をはかないほうが得策。プロは客の靴を見て判断するといわれる。それによってプロのサービスに違いが出るわけではないが、文字どおり、足元を見られることになる。かかとがすり減っていたり、中敷きが汚れていない磨いた靴をはいていこう。

足のにおいが気になる人は、玄関で靴を脱いだあと、さりげなく足用の消臭スプレーをかけたり、消臭効果のある中敷きを使ったりする気

配りがほしい。また、女性でよくあるのが、夏、サンダルを素足ではいてそのまま座敷に上がるケース。ストッキングやソックスを持参して化粧室ではきかえよう。ちなみに、懐石料理を茶席で食べる場合は、必ずきれいな白いソックスを持参してはきかえるのが礼儀。

おしぼりは手をふくためのもの。口をふいたり、テーブルをふかないこと

おしぼりで首や顔をふくのも眉をひそめられる行為。顔の汗は自分のハンカチを使うもの。また、それ以上に悪いのが口をふいたり、テーブルをふく行為。おしぼりは本来手をふくもの。口をふくのは、懐紙や自分のハンカチで。何かをこぼしたり、テーブルをふきたいときにはお店の人を呼んで、台ふきんをもらうこと。

席次のマナー

席の位置には上座と下座がある。ゲストや目上、主役を上座に

「席次」とは、座席の優劣の順番のこと。最近では家庭の中で席次のことをいう機会が減っているので、耳慣れない人も多いだろうが、社会人になると接待などで必須になるマナーだ。

和室の場合は、床の間の前がいちばん位の高い席で、出入り口に近いところが下座となる。今は昔だが、一家の大黒柱のお父さんは床柱を背に座り、お客さんが来たらその席はお客さんが座ったものだ。

さて、原則としては出入り口に近い席が下座なので、もし床の間がない場合は、入り口から遠い奥の席が上座となる。床の間があったとしても、すぐそばに出入り口があるときは、奥の席が上座になる。なぜなら、出入り口に近い席はお店の人とのやりとりなど、雑事を引き受けることになり、人の出入りも多く落ち着かない席になるからだ。主賓となるゲストや目上の人、また主役はいちばん奥の席に座ってもらおう。

また、カップルなどで座る場合、男性が上座に座るのが和室での心得で、洋食の場合と異なるから注意したい。

洋食では女性、目上の人が上座。レストランでは奥側、壁際が上席

日本のマナーと決定的に違うところは、女性優先ということ。というのも、お店の人とやりとりをするのは男性だからだ。出入り口に近いところが下座に、奥まったところが上座になるのは基本的に和室と同じ。また、中国料理の円卓の場合も出入り口から遠い席が上席となるが、女性優先、男性優先の決まりはない。

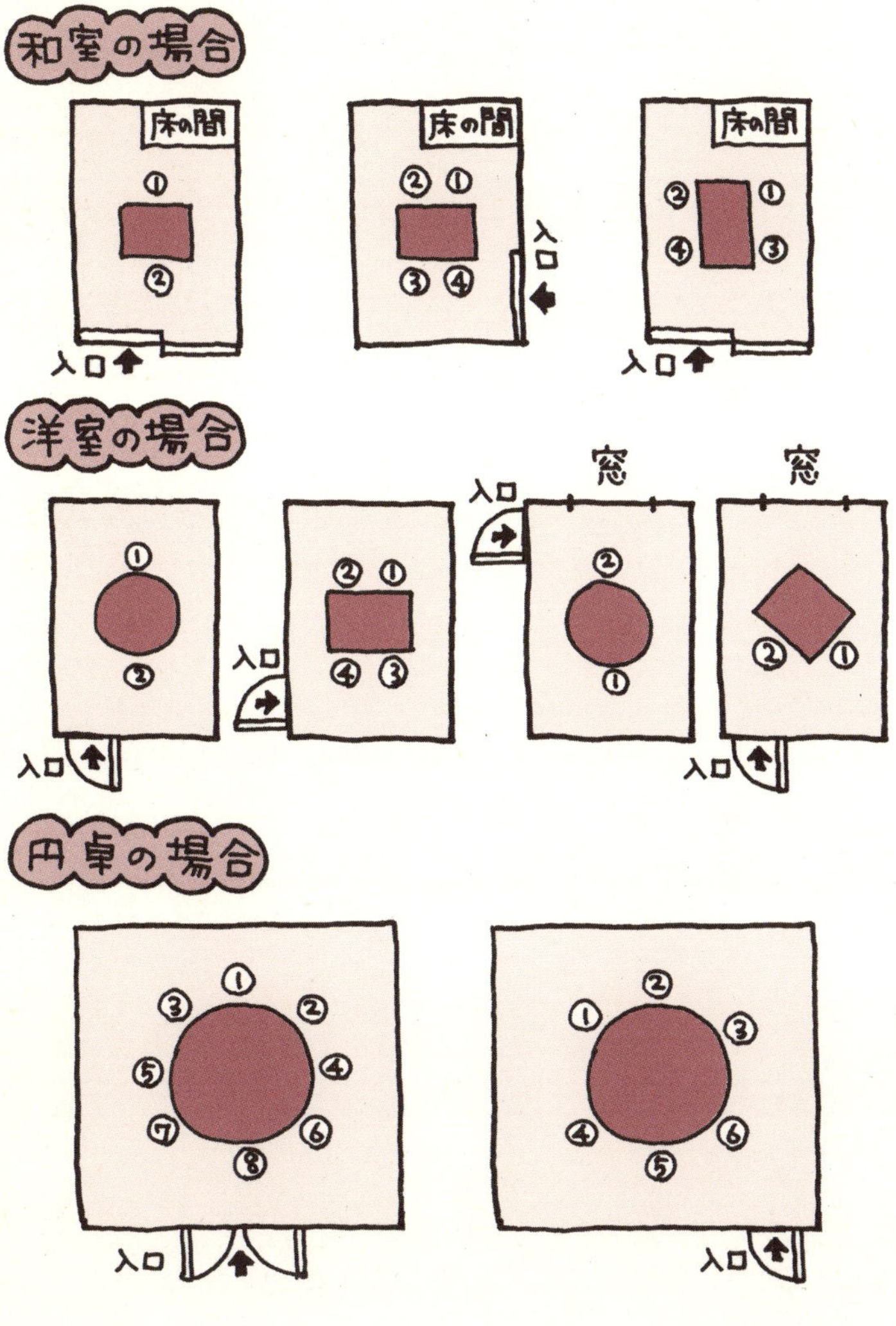
和室の場合
床の間
床の間
床の間
入口
入口
入口
洋室の場合
窓
窓
入口
入口
入口
入口
円卓の場合
入口
入口

ナプキンの使い方

汚れは二つ折りにした内側でふく。首からかけないで膝にのせる

今の布ナプキンができる以前、かつてヨーロッパでは小麦粉などを固めて首に下げ、手の汚れや油などをふいていた時代もあった、といわれているから驚きだ。

今は、鉄板焼きなどで油がはねて服を汚す恐れのあるときにする、首で結ぶ紙ナプキン以外は、ナプキンは首から下げないようにするのが常識。欧米では、食べこぼす子ども以外は、品のいい行為とはみなされない。男性がYシャツのボタンの間にはさむのもタブー。

ナプキンは、席に着いたときにはテーブルの上に置かれているので、席に着いたら頃合いをみて二つ折りにして膝の上にのせる。折り目を手前にするのが正式だが、口をふくときに都合がいいように、折り目を向こう側にして使ってもルール違反ではない。いずれにせよ、手や口の汚れをふくときは、ナプキンの内側（裏側）を使うほうが望ましい。

また、真ん中を広げてふくよりは、端を持ち上げてふいたほうが品がいい。女性は口紅がべっとりつくのはみっともないので、あらかじめ、口紅はティッシュで軽く押さえてから席につくのがルール。

口元を隠すときにもナプキンは便利だ。口から魚の骨を出すときなど、さりげなく隠すと上品。

中座するときは椅子の上に置く。退席するときはテーブルの上に置く

食事中の中座は避けるのが基本だが、どうしても席を離れる場合は、ナプキンを椅子の上に置く。こうすると、「また、席に戻ります」という意思表示になる。たたむ必要はない。店のスタッフが、中座の間に、椅子の背もたれに移しておいてくれる。

退席するときには、テーブルの上に置く。このとき、あまりにきっちりたたむと「料理がおいしくなかった」というサインになるといわれている。かといって、グシャグシャでも無礼だ。軽くたたんで置くのがルール。

顔をふかない、テーブルをふかない。和・洋・中共通のルール

料理やドリンクをテーブルに思わずこぼしてしまった！　こんなとき、慌ててナプキンでふくことのないようにしよう。もちろん、汗をかいておでこの汗をぬぐう、なども絶対してはいけないタブー。これは、和・洋・中どんな場合にも共通のルールだ。

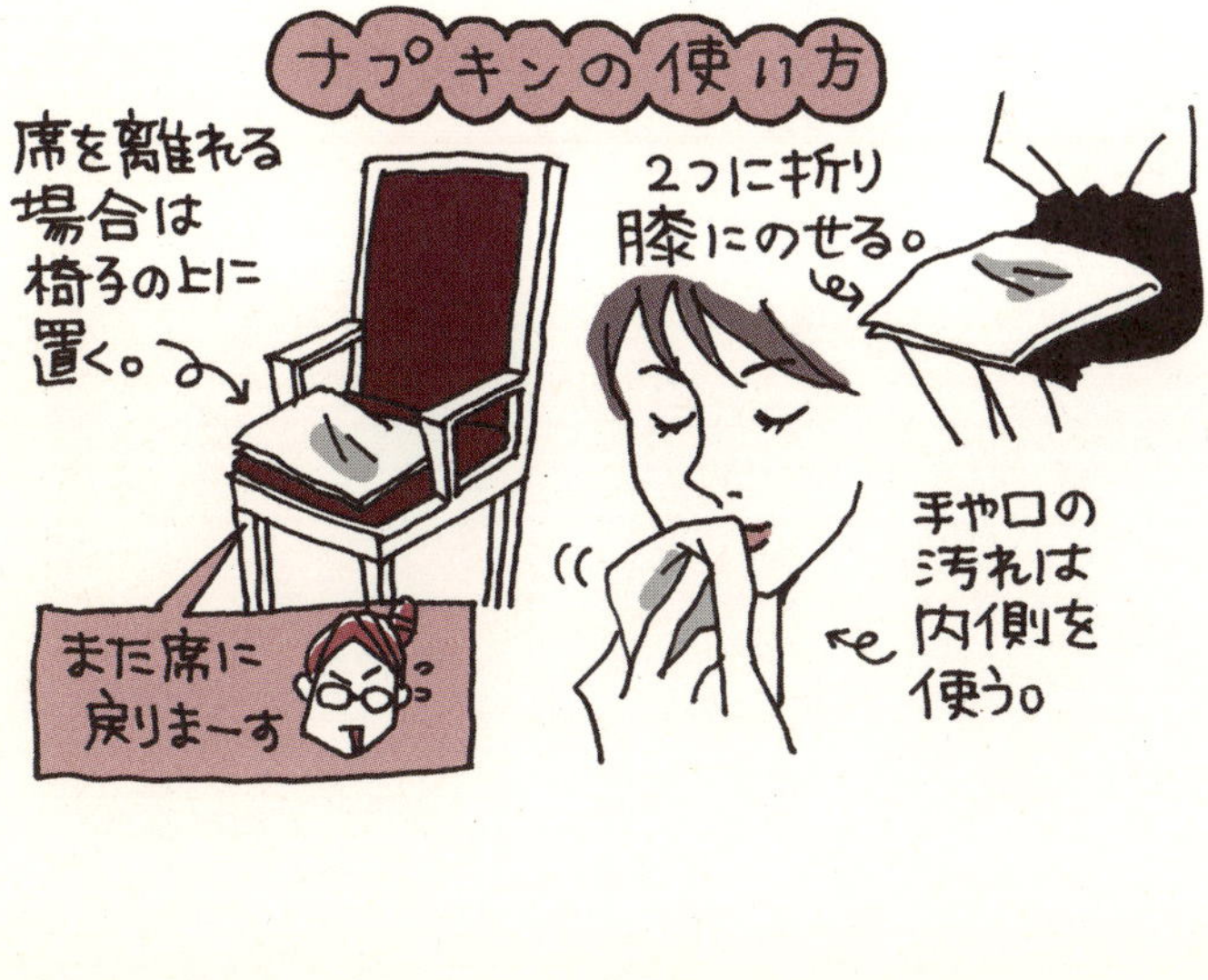

懐紙の使い方

「懐紙」とは、懐中紙。奉書紙でできた二つ折りの紙のこと

「懐紙を毎日持ち歩いている」という人には、まず現代では一般的にお目にかかれないだろう。それだけ、日常からは遠い存在の懐紙だが、正式の懐石や茶席では必須アイテムだ。

懐紙は、正しくは「懐中紙」という。懐中、つまりふところに入れておく紙だったわけだ。素材は、奉書紙《ほうしょし》と呼ばれる和紙でできていて、習字用の半紙や便箋《びんせん》などよりも厚手でしっかりした素材。

使い慣れないと扱いに戸惑うことがあるかもしれないが、ふつうの和食や会席料理の席などで使っても何の問題もないので、ぜひ使い方を覚えて、かっこよくふるまおう。

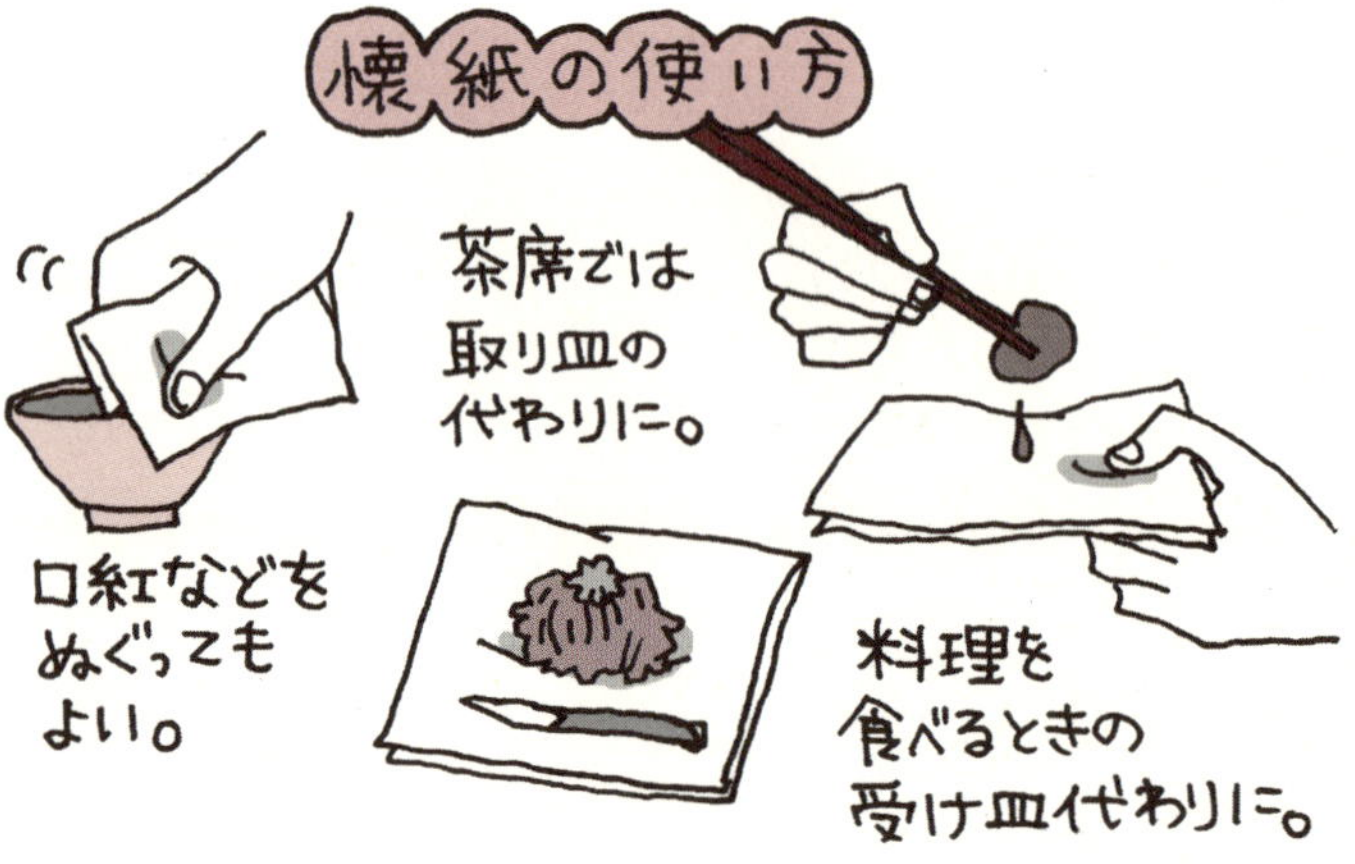
懐紙の使い方
茶席では取り皿の代わりに。
口紅などをぬぐってもよい。
料理を食べるときの受け皿代わりに。

懐紙の用途は多岐にわたる。何役も兼ね備えたスーパーグッズ

懐紙は、ナプキン、ティッシュペーパー、ハンカチの役目以外にも、ふきんや皿代わりにもなる優れもの。どれだけ用途が多岐にわたるのか挙げてみよう。

まず、ナプキンと同様の使い方から。口元をぬぐうのはもちろん、小骨や果物の種などを口から出すときに口元を隠す。また、焼き魚の頭を押さえて骨を抜くときなどに、懐紙で押さえれば手を汚さなくてすむ役目も。

次に、懐紙ならではの使い方を。料理を口へ運ぶときに受け皿代わりに使えば、こぼしたり、汁をたらしたりすることがない。また、茶席ではお菓子を取り回すときに取り皿の代わりに使う。二つ折りの折り目を手前にして使うのが作法。また、箸先が汚れたり、杯やグラスに口紅がついたときなど、ぬぐうことも可能。また、懐石では、食後に器や折敷《おしき》を懐紙でぬぐい、器の洗い物の水を節約する、という決まりごとがある。

このようにさまざまな場面で使える懐紙だが、使い終わった紙は持ち帰るのが正式。着物の時代は、男女ともにたもとに入れて持ち帰っていて、日本では余分なごみは出さない、という心配りがあった。たとえ、皿の上に残した料理を覆うときでも、グチャグチャにのせるのは論外！きちんと折りたたんで置くようにしよう。

懐紙は茶道具店や大きな文房具店で購入できる

30枚入りで1セットにして売られている。汚れないように、「懐紙ばさみ」と呼ばれる布ケースに入れて持ち運ぶ。柄入りのものもあるが、正式な場では白無地を使うようにする。

バッグの置き方

テーブルの上には置かない。預けるときには貴重品は手元に

椅子に座ったらバッグの置き場所に迷うことがある。同じテーブルに空いている椅子があればそこに置いてもいいが、自分のほうに引き寄せたりしないこと。気の利いた店であれば、荷物を置く台や小椅子を用意してくれるところもある。

どこにも置く場所がなかったら、背もたれとの間、腰の後ろに置くのがマナー。小さいバッグなら膝の上に置き、その上にナプキンをかける。カクテルバッグなど、小さいからといってテーブルの上に置く人を見かけるが、これはやめよう。また、ショルダーバッグを椅子の背にかけるのも、サービスする人の邪魔になったり、側を通る人に引っかけて危ないので、しないこと。また、底のしっかりしたバッグや大きなバッグは、本来床に置くのが欧米でのマナー。サービスの邪魔にならない場所に置こう。汚れるのが気になる、とかクロークがある場合には、貴重品を手元に残し、クロークに預けよう。

大きな
バッグは
床に置く
背もたれと
腰の間に
置く

手みやげの渡し方

帰りに渡すおみやげは、袋に入れたままでOK。手みやげは袋から出す

接待などでゲストにおみやげを渡す機会は意外と多い。おみやげなのだから、帰り際に見送るときに「お荷物ですが」とひと言添えて、手提げ袋ごと渡せばよい。

しかし、訪問した際などに手みやげを手提げ袋ごと手渡す人がいるが、これは大変失礼なことになるので絶対にしないこと。袋から出し、上下の向きなども直して、正面を相手に向けて渡すようにする。風呂敷に包んでいった場合も同じで、風呂敷ごと渡さない。風呂敷ごと渡してしまうと、相手に返し物の心配をかけることになる。昔は、「おうつり」といって、空の重箱などを返す際に、空では失礼と、その中に半紙やマッチなどを入れて返したものだ。相手に負担をかけないこともマナーのうちなのだ。

手みやげをどこで渡せばよいか迷うが、親しい間柄なら玄関で挨拶がすんですぐでもよいが、目上の人などには、部屋に通されて挨拶をしてから渡すほうがきちんとした印象を残せる。

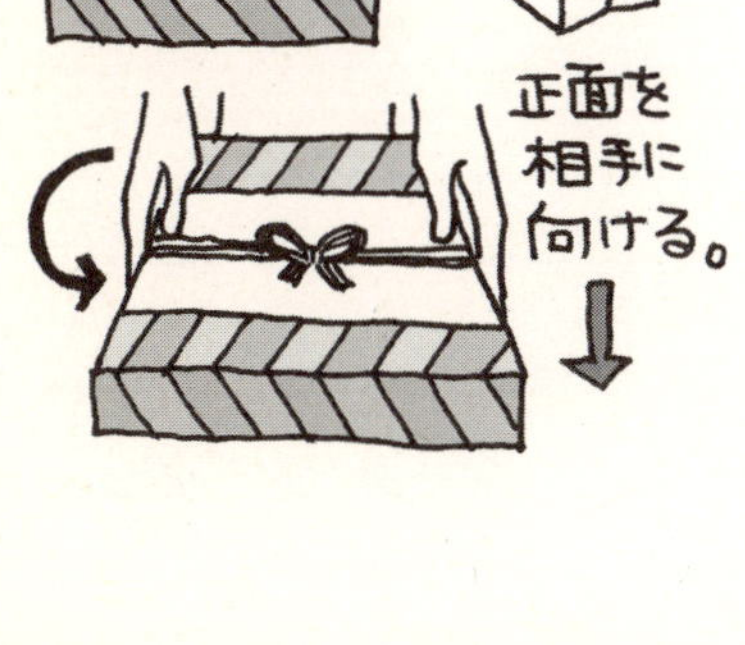

立食パーティーマナー

会費制のパーティーなら ぴったりの現金を用意しておく

　立食パーティーに出席する機会はとても増えている。まごつかないように、流れを押さえておこう。会場に入る前に、コートや大きなバッグ、荷物などはクロークに預けておく。会場に持ち込むのは貴重品を入れた小さなバッグのみにすること。

　会場の入り口に芳名帳があったら記帳する。仕事関係のパーティーなら名刺が必要なこともあるので、多めに持参しておくこと。また、会費制の場合は、あらかじめ案内状に金額が書いてあるはずなので、おつりがいらないように、ジャストの現金を持っていくのは常識だ。できれば、しわや汚れのない札を封筒に入れて持参するのがマナー。

パーティーの種類と目的に合わせて行動する

　立食といっても、いくつか種類がある。「ビュッフェパーティー」と呼ばれるものが一般的な立食パーティーだ。大皿に盛られた料理を各自が取り分けて食べるスタイルで、オードブルからメインディッシュ、デザートまで並ぶ。洋食ばかりでなく、おそばやにぎりずしなどが一緒に並ぶこともある。

　ビュッフェよりも軽い食事が出るのが「カクテルパーティー」だ。オードブルやサラダ、サンドイッチ程度の軽食で、食事よりも会話を楽しむのが目的のパーティー。夕食どきを外した時間帯に開催されることが多く、夕方5時くらいからとか、夜9時頃からに開かれる。また、出席する機会は限られているが、「レセプション」と呼ばれる公式のパーティーもある。外国公大使などが主催するもので、礼服が必要なケースもある。

いずれのパーティーでも、着席でない立食の場合は、客同士の交流が目的。飲んだり食べたりしてばかりいないで、知らない人にも積極的に話しかけて歓談したいものだ。

早退するときはわざわざ主催者に挨拶をしなくてもOK

主催者はたくさんの招待客の相手で忙しいので、早退するときにはわざわざおいとまの挨拶をしなくてもいいとされている。もし、忙しくなさそうなら、ほかの人に目立たないように、そっと挨拶をしてから引き上げよう。ただし、閉会の挨拶が始まるまでいるのに、スピーチを聞かずに帰るのは失礼。また、あらかじめ早退するのがわかっているときには、出欠の返事を出すときに、その旨を書き添えておくのもいいマナーだ。

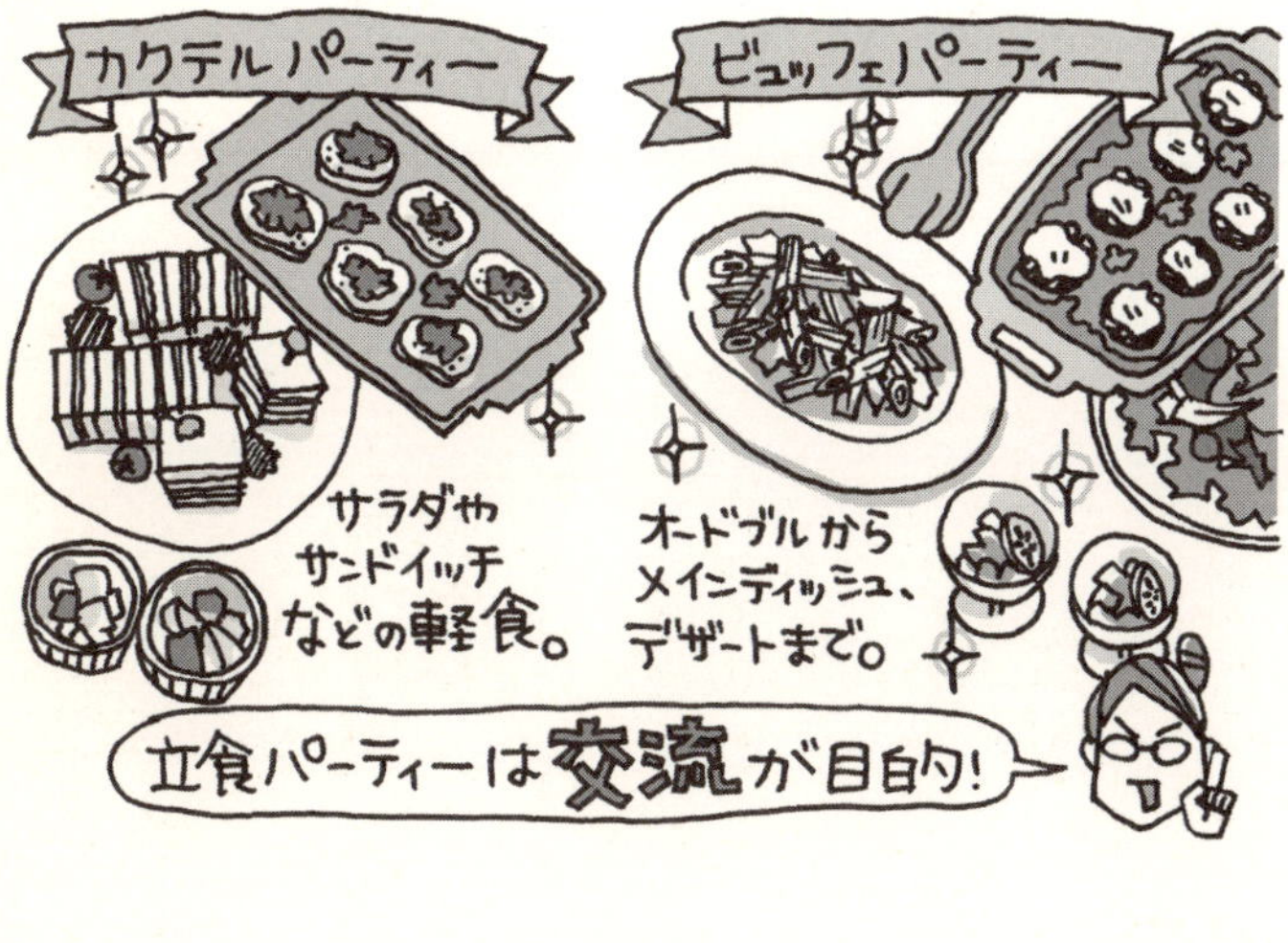
ビュッフェパーティー
オードブルから
メインディッシュ、
デザートまで。
カクテルパーティー
サラダや
サンドイッチ
などの軽食。
立食パーティーは交流が目的!

立食パーティーならではの飲み方、食べ方のマナー

立食パーティーは、着席式のパーティーに比べて自由に飲んだり食べたりできるものだが、大勢の人の目があるので、見苦しい行為や恥ずかしいふるまいをしないようにしたい。特に、親しい仲間が多い会だとつい羽目をはずしがちなので注意すること。

グラスは常に持って、歓談したり食事をするほうがよい。お皿だけを持って食べていると、余裕がないように見える。左手で皿とフォークとグラスを一緒に持ち、飲むとき、食べるときだけ右手に持ち替えるようにするのがスマートだ。慣れずに粗相しそうだ、というときには、近くのサイドテーブルにグラスを置いてもよい。

料理を取り分ける順番は前菜からメインへ

ふつうに食事をする順序で料理を取っていくのがマナー。西洋料理だと、冷たい料理から温かい料理へと進む。つまり、前菜から魚、肉へと取っていけばいい。食べたいからといって、最初からローストビーフやにぎりずしから取ろうとしないこと。

また、一皿に取るのは2～3種類にとどめるのが品がいい。何回も取りにいくのがめんどうだからと、山盛りにするのはみっともないもの。原則的には、冷たい料理と温かい料理を一皿に盛らないことも覚えておこう。

歩きながら食べない。料理テーブルの側で食べない

食べるときは立ち止まって食べる。これは基本中のキホンの常識。また、会場に置いてある椅子にずっと座りっぱなしで食べている光景を見かけるが、これもマナー違反。椅子は、ちょ

っと休憩するためのもので、目上の方などのために席を空けておくのが礼儀だ。

また、料理が置いてあるテーブルや飲み物カウンターの前などに立って食べるのもよくない。人の出入りの邪魔になるからだ。人の流れの邪魔にならない場所に移動して食べるようにしよう。

食べ終えた皿やグラスを料理テーブルに置かない

食べ終えたら、サイドテーブルに置いておけば、接客係が片づけてくれる。料理のメインテーブルの隅などには決しておかないこと。空いた皿は重ねないほうがよいとされている。

取り分けた料理を残すのはとても恥ずかしい行為なので、食べられる分だけ取ることが大人の分別だ。

服装のマナー

料理の種類やお店に合わせたドレスコードに配慮する

改まった席にカジュアルなふだん着で出向くのも失礼だし、その逆に、気のおけないくだけた雰囲気の店にドレスアップしていくのも場違いだ。お店の雰囲気や食事の目的、食事の種類、ランチかディナーなどによって着ていく服は決まる。この決まりを「ドレスコード」と呼ぶ。

洋風のレストランの場合なら、少し肌を見せる服でもOK。香水も強すぎない香りなら問題ない。スニーカーやジーンズ、トレーナーなどはお断りという店もある。よほどカジュアルな店以外は、着ていかない配慮を持とう。

和食で座敷での食事なら、座りやすい服装を心がけること。また、露出過剰のセクシーなデザインの服は避けよう。また、繊細な香りを楽しむ和食の店では香水はつけないほうが無難だ。パンツスタイルでもいいが、靴をぬぐタイプの店ではすそを引きずる長さではみっともない。

パーティーには華やかさを添える服で臨むのが礼儀

仕事上の発表会などでも、アクセサリーやスカーフで少し華やかな工夫をするなどの配慮がほしい。説明会ではなく、お食事付きというからには、お祝いの目的があるからだ。もちろん、披露宴の二次会や祝賀会などに、カジュアルな服で出席するのは絶対にタブー。祝う気持ちがないと思われる。

夜であれば、硬い素材は避けて光沢感のある柔らかい布の服を選ぼう。地味な色のビジネス

スーツでも、アクセサリーなどで華やかさは添えられる。また、小ぶりで華やかさのあるバッグに持ち替えるだけでも、お祝いの気持ちは表せるものだ。

食事中は指先に視線がいきやすい。爪の手入れはきちんとしておく

食事作法には直接関係ないかもしれないが、恥をかかないためのマナーを最後に1つ。フランス料理でも、和食でも食事中は手元に視線が集中する。そんなとき、濃すぎるマニキュアをしていたり、はがれたりしていては興ざめ。目上の人に限らず、誰からも好印象のナチュラルカラーのマニキュアをつけるのがおすすめだ。爪に汚れがたまっているのは論外。

料理の種類を問わず、清潔感を大事にしたいのが食事の席。相手に不快感を与えないことがマナーの基本といえるだろう。

おわりに

「歩きながら食べるんじゃありません！」かつて道端で食べている子どもがいれば、こう注意する大人が必ずいたものです。そんな日本の風景もすっかり影をひそめてしまった昨今。

多様化する個々の趣向に合わせ、テーブルも食器もいらない食品は日々進化中。企業や飲食店のメニュー開発をするときには、売れるための「簡単」「ラクチン」は無視できない消費者ニーズになっています。何につけても、個人がいくらでも自由に選択肢を持つ現代ですが、食の世界をずっと見続けてきた私にとっては、食のモラルや常識が驚くべきスピードで激変していることを痛感させられる日々です。

「マナー教室を開かねば！」という危機感を持ったのは、今のような食関係の仕事をする以前のことで、もうかれこれ10年以上が経ちます。社会との共存をはかるために営々と築き上げられてきた人類の知恵の結晶が、今や危険信号？　そんなこと絶対に食い止めなくては。社会状況に合わせて今日までつながってきた食事作法を、次世代にも受け継いでもらいたいと思うのです。

おいしいものを食べることのみに奔走する人々。家庭の食事作法には無頓着でもレストランのサービスにはうるさい人々。こんな光景に出会うたびに、幼い頃に親から教えられた日常の食事マナーが思い起こされます。「立つときには椅子を元どおりに」「バランスの良い食事を好き嫌いなく」「レストランのサービスには御礼を添えて」「海外の文化も大切に」。これらのマナーは、今も私の生きるヒントになることもあり、食はすべてにつながっていることを実感します。食は一生続くもの。関わりあい方は人生観も変えるし、テーブルマナーはその人の社会性や人間性をも如実に映し出す鏡なのです。

テーブルマナーの決まりごとを、「暗記」と思ってしまうと実につまりません。意外にも、合理的だったり、健康的だったりするものなのです。そこには、歴史的なものや土地の風土や人間性がたっぷり存在していて、知れば知るほど「なるほどなぁ」と感心させられます。食べ方に迷ったら、自分以外の人や物、その料理の郷土や歴史に思いを馳《は》せてみてください。そして、いっそ決まりごとを愛してしまいましょう！　それが、周囲と溶け合って食事を慈《いつく》しむ「グルメ」の第一歩なのかもしれません。

世界で食の将来がさまざまに危惧《きぐ》される現在、〝食欲〟という「本能」を〝お食事〟という「文化」に変えてきた、贅沢《ぜいたく》が許される日本の恵まれた環境に感謝し、大切に守りたいものです。テーブルマナーは、現代の私たちが失いつつある、守るべきたくさんの「大切」が詰まった宝庫です。

この本を読んで、みなさんが食事作法の「心」の部分に触れてくだされば幸いです。そして、食卓環境が素敵で、ますます心豊かなものになりますように願ってやみません。

2006年10月　　小倉朋子

小倉朋子（おぐら・ともこ）
フードプロデューサー。青山学院大学文学部卒業。
トヨタ自動車（株）、国際会議ディレクター、海外留学を経て、現職。
企業や飲食店への事業提案、メニュー開発、一連のフードプロデュースのほか、
諸外国のテーブルマナーと食文化を主に総合的に"食"を学ぶ教室
「食輝塾」を主宰。
食事環境と心の大切さを柱に、食事作法のほか、動向分析、伝統食から
トレンド情報、食育など専門は幅広い。
亜細亜大学、戸板女子短期大学の非常勤講師を務める。
東京食育推進ネットワーク幹事。
『箸づかいに自信がつく本』（リヨン社）、『現代用語の基礎知識』
（自由国民社）の食分野の執筆ほか、執筆、講演多数。
●ホームページhttp://www.rr.iij4u.or.jp/~ogu/

講談社の実用BOOK
グルメ以前《いぜん》の食事《しょくじ》作法《さほう》の常識《じょうしき》
2006年10月27日　第1刷発行
2006年11月6日　第2刷発行

著者——小倉朋子《おぐらともこ》

発行者——野間佐和子
発行所——株式会社 講談社
東京都文京区音羽2-12-21　〒112-8001
電話　編集部03-5395-3527
販売部03-5395-3625
業務部03-5395-3615

本文イラスト——カツヤマ ケイコ
装丁——川島 進（スタジオ・ギブ）
本文デザイン——小林美代子（AMI）
本文組版——朝日メディアインターナショナル株式会社
印刷所——慶昌堂印刷株式会社
製本所——株式会社 国宝社

ISBN4-06-274236-5

話題騒然のベストセラー！

目からウロコのウンチク本！　あわせて読めば知識も倍増！

調理以前の料理の常識 2

渡邊香春子　　　　定価：本体1400円（税別）講談社

焼きのりは両面あぶる？裏面だけ？

納豆の正しい混ぜ方？しょうゆは先？あと？

「大根おろし」の正しいおろし方

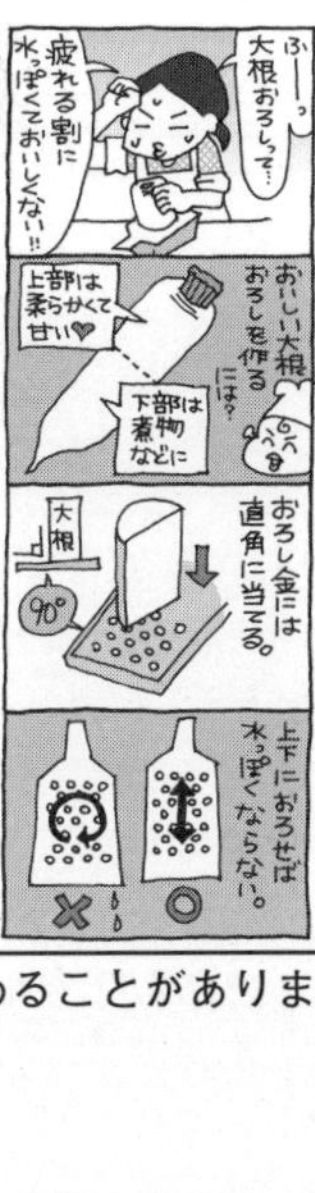

Chapter 1
「意外に知らない調理以前の台所の㊤常識」

Chapter 2
「さらに定番料理の自己流脱出㊦常識」

Chapter 3
「必須調理器具の選び方＆手入れ法の㊧常識」

Chapter 4
「迷いがちな食材の見分け方＆保存法㊨常識」

Chapter 5
「料理の必需品 調味料の㊥常識」

Chapter 6
「言葉がわかれば楽しさ倍増！ 料理用語の㊙常識」

※定価は変わることがあります。